Adolf Krischanitz

Editorial Gustavo Gili S.A.

08029 Barcelona   Rosselló 87-89. Tel. 322 81 61
México, Naucalpan 53050 Valle de Bravo, 21. Tel. 560 60 11

Adolf Krischanitz

Introducciones / *Introductions*
Dietmar Steiner / Jos Bosman

Catálogos de arquitectura contemporánea
Current Architecture Catalogues

A cargo de / *Editor of the series*
Xavier Güell

Traducciones / *Translations*
Jordi Siguan, Graham Thomson

El texto, con excepción de las introducciones, es de Adolf Krischanitz
The text, with the exception of the introductions, is by Adolf Krischanitz

Ninguna parte de esta publicación, incluido el diseño de la cubierta, puede reproducirse, almacenarse o transmitirse de ninguna forma, ni por ningún medio, sea éste eléctrico, químico, mecánico, óptico, de grabación o de fotocopia, sin la previa autorización escrita por parte de la Editorial. La Editorial no se pronuncia, ni expresa ni implícitamente, respecto a la exactitud de la información contenida en este libro, razón por la cual no puede asumir ningún tipo de responsabilidad en caso de error u omisión.

All rights reserved. No part of this work covered by the copyright hereon may be reproduced or used in any form or by any means -graphic, electronic, or mechanical, including photocopying, recording, taping, or information storage and retrieval systems- without written permission of the publisher. The publisher makes no representation, express or implied, with regard to the accuracy of the information contained in this book and cannot accept any legal responsibility or liability for any errors or omissions that may be made.

©Editorial Gustavo Gili, S.A., Barcelona, 1997

ISBN: 84-252-1730-X
Depósito legal: B. 23.858-1997
Impresión: Grafos, S.A. Arte sobre papel

Índice

Adolf Krischanitz. La siempre nueva sorpresa
de la arquitectura total, por Dietmar Steiner — 6
Quince puntos sobre el hallazgo/invención de la forma,
por Jos Bosman — 8

Obras y proyectos

1987-1991	Grupo de viviendas Pilotengasse, Viena	16
1988-1989	Pabellón de exposiciones, St. Pölten	22
1991-1992	Sala de exposiciones temporales Kunsthalle Wien, Viena	26
1992-1994	Parvulario Neue Welt, Viena	32
1992-1995	Sala de exposiciones, Kunsthalle Krems, Krems	38
1992-1997	Donau-City master-plan e infraestructuras, Viena	42
1992-1995	Condominio en Engilgasse, Viena	48
1994-	Grupo de viviendas Absberggasse, Viena	54
1994-1995	Pabellón de Austria, en la Feria del libro de Frankfort	56
1994	Edificio de oficinas para la compañía EA-Generali, Viena	62
1994	Pabellón de información, Leipziger Platz, Berlín	66
1995	Centro de prácticas para artistas, Berlín	68
1995-	Centro juvenil Wolkenspange, Viena	70
1995-	Grupo de viviendas Fondachhof, Salzburgo	72
1996	Escuela, Viena	76
1996	Parque central de la Expo 2000, Hannover	78
1996-	Grupo de viviendas Perfektastrasse, Viena	80
1996	Hotel Adlershof, Berlín	84
1996	Casa Sperl, Friedrichshof	86

Biografía — 92
Cronología de obras y proyectos — 93
Bibliografía — 96
Agradecimientos — 96

Contents

Adolf Krischanitz. The ever new surprise
of total architecture, by Dietmar Steiner — 6
Fifteen points on the discovery/invention of form,
by Jos Bosman — 8

Works and Projects

1987-1991	Housing development in Pilotengasse, Vienna	16
1988-1989	Exhibition pavilion, St. Pölten	22
1991-1992	Kunsthalle Wien temporary exhibition gallery, Vienna	26
1992-1994	Neue Welt nursery school, Vienna	32
1992-1995	Kunsthalle Krems exhibition gallery, Krems	38
1992-1997	Donau-City master plan and infrastructures, Vienna	42
1992-1995	Condominium houses in Engilgasse, Vienna	48
1994-	Housing development in Absberggasse, Vienna	54
1994-1995	Austrian pavilion, for the Frankfurt Book Fair	56
1994	Office building for the EA-Generali company, Vienna	62
1994	Information pavilion, Leipziger Platz, Berlin	66
1995	Training centre for artistes, Berlin	68
1995-	Wolkenspange youth centre, Vienna	70
1995-	Fondachhof apartment houses, Salzburg	72
1996	School, Vienna	76
1996	Central area for Expo 2000, Hannover	78
1996-	Housing development in Perfektastrasse, Vienna	80
1996	Hotel Adlershof, Berlin	84
1996	Sperl house, Friedrichshof	86

Biography — 92
Chronology of works and projects — 93
Bibliography — 96
Acknowledgements — 96

Adolf Krischanitz
La siempre nueva sorpresa de la arquitectura total

Dietmar Steiner

Adolf Krischanitz es una figura irritantemente reluciente en el campo de la arquitectura contemporánea. En el discurso europeo pertenece a la llamada generación "intermedia" que, en la Viena de los años ochenta, se conocía como la "generación perdida". Nacido demasiado tarde para pertenecer aún a la generación ingenua de los "maestros" de la arquitectura de la posguerra y activo demasiado pronto para tener que inventar inconscientemente cada vez de nuevo la arquitectura en el olvido generalizado de los años noventa.

Adolf Krischanitz, el arquitecto y artista, se presenta en público por primera vez a finales de los años sesenta con el grupo Missing Link, formado por Otto Kapfinger, Adolf Krischanitz y Angela Hareiter (esta última sólo durante los primeros años). Missing Link se constituyó bajo la influencia del legendario seminario de Günther Feuerstein en el Politécnico de Viena. Igual que los grupos HausRucker Co y Coop Himmelblau, formados casi simultáneamente en Viena, Missing Link se caracterizaba por trabajar en grupo y por los llamados "proyectos utópicos". Todos estos grupos vieneses de arquitectos trabajaban creativamente en proyectos el sueño de un futuro sin fin. Los sensibles proyectos dibujados de Viena, con su potencial crítico, estaban más próximos a los movimientos italianos y americanos que a la evolución teórica alemana de la época. Más tarde, Peter Cook calificó estas visiones visuales como el "fenómeno austriaco".

Lo que ya entonces distinguía a Missing Link de HausRucker Co y Coop Himmelblau era una postura analítica que siempre entendía los proyectos como una "interpretación arquitectónica" de condiciones sociales y microcosmos. Por esto, en los años setenta, los proyectos de Missing Link se movían en dos direcciones: por un lado, hacia una nueva interpretación artística de las condiciones materiales de la construcción, acompañada de una reflexión propia sobre el arte conceptual y el *arte povera* –renunciando a la utopía tecnológica– y, por otro lado, hacia una nueva teoría de interpretación de las circunstancias urbanas con originales análisis lingüístico-tipológicos.

En los años setenta los estudios socio-culturales de Missing Link eran sensacionalmente inconvencionales. Desarrollaban un amplio repertorio alentador de complejos métodos analíticos para investigar circunstancias arquitectónicas, urbanas y sociológicas en respuesta a temas como los "tipos vieneses", "el café vienés", "el metro de Viena" y "la construcción de viviendas en Viena". Buscaban correspondencias lingüísticas y plásticas de la visualización y mediación de acuerdo con las rigurosas investigaciones históricas. Un método literario-tipológico-morfológico que, en realidad, amalgama todas las posturas teóricas de ese momento: desde la discusión sobre el tipo de la escuela veneciana de Muratori y el racionalismo de Aldo Rossi y la escuela del Ticino hasta la investigación sobre la cotidianeidad de la escuela americana "grey-school" en torno a Venturi & Scott Brown. Se puede decir que estos métodos de investigación y sus resultados llegaron a un nivel en el desarrollo de la compleja ciencia arquitectónica que no se ha vuelto a alcanzar desde entonces. Krischanitz y Kapfinger desarrollaron una "escuela vienesa" de teoría arquitectónica que hasta ahora no ha sido recogida ni continuada.

Los resultados construidos a partir de estos análisis han sido algunos pequeños comercios y viviendas unifamiliares pensados

Adolf Krischanitz
The ever new surprise of total architecture

Dietmar Steiner

Adolf Krischanitz is an irritatingly dazzling figure in the field of contemporary architecture. Within the European discourse, he belongs to the so-called "intermediate" generation which, in the Vienna of the eighties, was known as the "lost generation". Born too late to be a member of the ingenuous generation of the "masters" of post-war architecture, he was active too early to have unconsciously to invent architecture each time anew, in the generalized oblivion of the nineties.

Adolf Krischanitz, architect and artist, first presented himself to the attention of the public at the end of the sixties with the group Missing Link, comprising Otto Kapfinger, Adolf Krischanitz and Angela Hareiter (although the last-named was involved for only for a few years). Missing Link was founded under the influence of Günther Feuerstein's legendary workshops at the Vienna Polytechnic. In common with HausRucker Co and Coop Himmelblau, two other Viennese groups set up at almost the same time, Missing Link was characterized by its group working and by its so-called "Utopian projects". All of these groups of Viennese architects were creatively engaged in projects that embodied the dream of a limitless future. The sensitive schemes drawn up in Vienna, with their critical potential, were closer to contemporary movements in Italy and America than to the evolution of theory in Germany at that time. Indeed, Peter Cook subsequently categorized these visual visions as "the Austrian phenomenon".

What served even then to distinguish Missing Link from HausRucker Co and Coop Himmelblau was an analytical posture that approached every project as an "architectonic interpretation" of social conditions and microcosm. For this reason, Missing Link's projects in the seventies moved in two directions: on the one hand, towards a new artistic interpretation of the material conditions of construction accompanied by a personal reflection on conceptual art and arte povera –renouncing the technological Utopia– and, on the other, towards a new theory with which to interpret existing urban circumstances, with original linguistico-typological analyses.

In the seventies, Missing Link's socio-cultural studies were sensationally unconventional. They developed a broad repertoire nourished by complex analytical methods for the investigation of architectonic, urban and sociological circumstances in response to such themes as "Wiener Typen", "Wiener Caféhaus", "Wiener Stadtbahn" and "Wiener Wohnungsbau". They looked for linguistic and plastic correspondences of visualization and mediation on the basis of rigorous historical investigation. Theirs was a literary-typological-morphological method which, in effect, amalgamated all of the theoretical positions of that moment in time: from the debate about type of Muratori's Venice school and the rationalism of Aldo Rossi and the Ticino school to the exploration of the everyday being conducted by the "grey school" in America, centred on Venturi & Scott Brown. It might be said that these methods of research and the results they produced attained a level in the development of the complex science of architecture that has not been equalled since. Krischanitz and Kapfinger developed a "Viennese school" of architectural theory that has never yet been gathered together or expanded on.

The tangible built results of these analyses were a number of

como prototipos; todos ellos son estudios originales sobre el lenguaje arquitectónico. Luego siguieron, lógicamente, la "renovaciones críticas" de la Secession y la rehabilitación de la colonia del Werkbund vienés. Ambas, obras maestras en la aproximación a la historia y su nueva interpretación.

Con ello termina también la estrecha colaboración de Adolf Krischanitz con Otto Kapfinger. La docencia experimental compartida llega a su fin; Krischanitz se centra en el ejercicio de la profesión de arquitecto, mientras que Kapfinger renuncia a construir y se dedica a la crítica y a la teoría.

Con esta fase empieza el presente libro. Las obras y los proyectos, elegidos por el propio Krischanitz, no revelan una aproximación radicalmente nueva a la arquitectura, aunque por la radicalidad del lenguaje formal quizás estén bastante cerca. En la obra de Krischanitz se encuentran las tendencias esenciales de las últimas décadas. El diálogo con el arte, el interés y emparentamiento con las posturas artísticas coetáneas se desarrolla de manera continuada. Un aspecto de la obra de Krischanitz que analiza por primera vez Jos Bosman en su texto.

El virtuoso manejo de la arquitectura efímera también recoge lo aprendido de los proyectos anteriores. Los pabellones de Krischanitz son cada vez sorprendentes nuevas investigaciones (estudios) sobre materialidad y espacialidad y al mismo tiempo revelan un tratamiento inteligente de las características especiales de estas tareas: rapidez de construcción y costes reducidos. Aquí se revela una característica importante de Krischanitz: yo lo llamo "negociar con lo existente". Esto significa trabajar con estándares y prexistencias, considerarlos como desafío para crear una nueva complejidad arquitectónica a partir de elementos a los que estamos "acostumbrados".

Desde esta postura también se comprenden las reivindicaciones sociales e incluso políticas de Krischanitz. El arquitecto condensa en sus proyectos "los males de la sociedad". Las resistencias a las que se enfrenta un proyecto avanzado no descansan sobre el ideal romántico del genio incomprendido –que incluso en la actualidad propagan lamentablemente algunos arquitectos famosos– sino que reflejan circunstancias y contradicciones de la sociedad, de las que no hay que lamentarse, sino recoger, redirigir y volverlas productivas.

El mensaje arquitectónico de Krischanitz está formado por todas estas posturas y tendencias mencionadas. Revela una biografía sugerente, cuya consistencia y consecuencia contiene manifestaciones válidas para los cometidos y posibilidades de la arquitectura actual.

Desde los dibujos experimentales y *performances* del grupo Missing Link, a través de los proyectos analíticos con Otto Kapfinger, las obras construidas a partir de los años ochenta muestran un cuestionamiento crítico-artístico de la realidad: tanto de lo materialmente construido como de los condicionantes de su ejecución. Krischanitz trabaja, desde mediados de los años ochenta hasta mediados de los noventa, en un diálogo fuertemente artístico y una profundización de sus métodos arquitectónicos. Krischanitz quiere avanzar retrocediendo al espacio puro, a la reducción absoluta, no de manera minimalista, sino empujado por la fuerza del material y sus elementos. Se trata nada menos que de la presencia concreta y destructora de lo construido.

small shops and private houses, conceived as prototypes; they are all original studies in architectonic language. There then followed, logically enough, the "critical renovations" of the Secession and the rehabilitation of the Wiener Werkbundsiedlung, both of them masterpieces in their engagement with and new interpretation of history.

Here the congenial collaboration between Adolf Krischanitz and Otto Kapfinger also terminated. The period of joint experimentation came to an end; Krischanitz concentrated on the exercise of the architectural profession, while Kapfinger gave up the practice of architecture in favour of criticism and theory.

It is with this phase that the present book commences. The works and projects, selected by Krischanitz himself, do not reveal any radically new approach to architecture, although the radicalism of the formal language might suggest such an approach. In Krischanitz's work we still find his essential former positions. The dialogue with art, the interest in and closeness to the positions of contemporary artists, is developed in a continuous fashion. This aspect of Krischanitz's work is analysed for the first time by Jos Bosman in his text.

The virtuoso handling of ephemeral architecture also draws on the lessons learnt in earlier projects. Each of Krischanitz's pavilions is a surprising new investigation (study) of materiality and spatiality, and at the same time reveals the intelligence at work in the treatment of the special characteristics required in such commissions: high-speed construction and low cost. And here we come to an important characteristic of Krischanitz's architecture, one which I like to call "negotiating with the existing". This involves working with standards and extant features, considering these as a challenge to create a new architectural complexity on the basis of elements to which we are "accustomed".

This posture also affords an insight into Krischanitz's social and even political agenda. The architect condenses in his projects "the ills of society". The resistance which an advanced project has to face is not a matter of the Romantic ideal of the misunderstood genius — which, unfortunately, is still propagated by certain famous architects — but a reflection of social circumstances and contradictions, which are not to be lamented over, but assumed, redirected and made productive.

Krischanitz's architectural message is formed from all of the postures and tendencies we have mentioned. It reveals a stimulating biography which, in its consequence and consistency, embraces achievements of great relevance to the tasks and possibilities of architecture today.

From the experimental sketches and performances of the Missing Link group, through the analytical projects in conjunction with Otto Kapfinger, the works built since the eighties reveal a critico-artistic questioning of reality: both of the materially constructed and of the factors conditioning its execution. Krischanitz has worked – from the mid eighties to the mid nineties – in a powerfully artistic dialogue and a related development of his architectural methods. He strives to move forward by returning, to the pure space, the absolute reduction, not in a minimalist fashion, but driven by the strength of the material and its constituent elements. This is nothing less than the concrete and perturbing presence of the built.

Quince puntos sobre el hallazgo/invención de la forma
por Jos Bosman

Fifteen points on the dicovery/invention of form
Jos Bosman

"Cuanto más sencillo y evidente sea un producto tanto más largo y complejo es, por regla general, el hallazgo/invención de la forma". A. Krischanitz, 1994[1].

El riesgo de que cualidades fijadas de nuevo en el campo de la arquitectura se manifiesten simultáneamente como interior y exterior puede considerarse como una característica típica del hallar/inventar vienés. Loos y Wagner han creado –de una manera completamente diferente, pero parecida en su esencia– una cualidad exterior en el interior. Esta ambivalència la han hecho válida en el espacio público urbano como identidad nuevamente determinada de la intimidad arquitectónica. Krischanitz también opera a través de esta vía histórica de las inversiones llenas de tensión.

Que el hallazgo y la invención de la forma puedan ser vistos como en un concepto "Form(er)findung" (hallazgo/invención de formas), es un típico juego de palabras de Krischanitz que al mismo tiempo encierra las dos posturas e intereses interactivos en su definición de una arquitectura. Krischanitz –de manera parecida, por ejemplo, a J. L. Mateo– se mueve en un campo intermedio entre dos posturas que la mayoría de los críticos creen tener que mantener como polos opuestos autónomos entre los que hay que optar: por un lado la nueva tradición de O.M. Ungers, L. Krier y H. Kollhoff ("hallar") y, por el otro, la hipermodernidad de P. Eisenman, R. Koolhaas y Z. Hadid ("inventar"). En los países de lengua alemana, el aislamiento de estos dos polos comporta una parálisis completa del debate arquitectónico, en el que ambos "fragmentos" se creen obligados a combatir la postura contraria. Los hipermodernos destruyen a veces los restos del espacio tradicional siguiendo la euforia de "los USA construyen" de los años de la posguerra, mientras que los nuevos tradicionalistas intentan transformar dialécticamente los espacios dinámicos creados bajo la sugestión de una nueva estabilidad. Los resultados son muy parecidos: producen el efecto de heridas de una guerra urbana. Sin embargo, Krischanitz no pretende "reconciliar" las características de ambos polos arquitectónicos ni combinarlos de manera ecléctica. Él ha pensado en las posibles reflexiones existentes detrás de las

"The simpler and more obvious a product is, the longer and more complex –as a general rule– is the discovery/invention of form". A. Krischanitz, 1994 [1].

The challenge that qualities fixed afresh in the field of architecture should manifest themselves simultaneously as interior and exterior can be regarded as a typical characteristic of Viennese discovery/invention. Loos and Wagner created –in ways that, although completely different, are similar in principle– an exterior quality in the interior and endowed this ambivalent condition with validity in the urban space as a newly determined identity of architectonic intimacy. Krischanitz, too, operates by way of this historical line of inversions loaded with tension.

That the discovery and the invention of form may be seen as fused in a single concept, "Form(er)findung" (discovery/invention of forms), is a play on words typical of Krischanitz which at the same time embodies these two interactive postures and interests in the definition of an architecture. Krischanitz –in much the same way as, for example, J. L. Mateo– moves in a field midway between two postures which most critics seem to feel they have to treat as independent and opposing poles between which it is necessary to choose: on the one hand, the new tradition of O. M. Ungers, L. Krier and H. Kollhoff ("discovery"), and on the other, the hypermodernity of P. Eisenman, R. Koolhaas and Z. Hadid ("invention"). In the German-speaking countries,, the isolation of these two poles serves to paralyse completely architectural debate, in which both "fractions" feel themselves obliged to combat the opposing position. The hypermoderns at times destroy the remnants of the traditional space, reactivating the "USA builds" euphoria of the post-war years, while the new traditionalists seek to transform dialectically the dynamic created spaces following the suggestion of a new stability. The results are remarkably similar: they produce the effect of wounds suffered in an urban war. Nevertheless, Krischanitz does not set out either to "reconcile" the characteristics of the two poles in architecture, or to combine them in some eclectic fashion. He has

diferentes estrategias formales en un nuevo contexto. Para él, evidentemente, existe la moderna fuerza de "lo fáctico, lo espontáneo, lo subjetivo y el *shock*", pero también el principio tradicional "de la duración eterna, de lo convencional, de lo universal" [2]. Ha formulado teóricamente esta idea de la sincronidad y la ha trasladado a la práctica de la arquitectura en diálogo con artistas como Oskar Putz.

Krischanitz se ha dado a conocer al gran público, sobre todo, por su contribución en la aplicación del color en el grupo de viviendas "Pilotengasse" y por el diseño de sus característicos pabellones, presentados en la Bienal de 1996 en Venecia. Sobre los trabajos pictóricos de Oskar Putz, que decidió los colores de sus edificios de viviendas en la Pilotengasse, Krischanitz comentó: "Sólo el color, en tanto que órgano central de su lenguaje pictórico, se manifiesta por encima de la moderación de sus composiciones, estructuradas geométricamente, y se intensifica hasta producir una verdadera profundidad emotiva."[3] Y sobre el tema de los pabellones escribió: "Las villas paladianas, tipo pabellón, se apropiaban de los campos de cultivo circundantes. Naturaleza y edificio se entrelazan con gran refinamiento y se condicionan mutuamente. Los pabellones de Dan Graham están en paralelismo contrastante respecto a los modelos de pensamiento arquitectónico. El 'contenedor inamovible' está insertado en un campo perceptivo preconcebido y comienza su juego con un efecto delimitador y 'des-delimitador'. La vivificación del 'contenedor' tiene lugar a través del vidrio (ventanas), (puertas oculares), cuyas características, desde transparencia hasta reflexión total, ofrecen diferentes modos de percepción."[4] En ambas citas se habla del contraste entre el pensar arquitectónico y otras maneras de pensar que merecen ser articuladas conscientemente; en ellas "emoción" y "percepción" son las palabras clave. Se trata de un campo que la enseñanza de la arquitectura ha excluido durante más de veinte años, como mínimo, y al que sólo debido al reciente interés por el "*land art*" se le ha vuelto a prestar atención. Sin embargo, estos conceptos ocupan un puesto central en la concepción de la arquitectura de Krischanitz. La búsqueda por aquello que

thought about the possible reflections that may stand behind the different formal strategies in a new context. For him, the modern force "of the real, of the spontaneous, of the subjective and of shock" clearly does exist, but so too does the traditional principle "of eternal duration, of the conventional, of the universal" [2]. *He has given theoretical formulation to this idea of synchronicity and has translated into the practice of architecture in dialogue with artists such as Oskar Putz.*

Krischanitz has come to the notice of the public at large above all through his contribution to the Pilotengasse housing development and through the design of his characteristic pavilions, presented at the 1996 Venice Biennale. With regard to the work of the painter Oskar Putz, who provided the colours for Krischanitz'houses in the Pilotengasse housing, Krischanitz has observed that "only the colour, as the central organ of his pictorial language, manifests itself above the moderation of his geometrically structured compositions, and is intensified to produce a true emotive depth." [3] *And, on the subject of the pavilions, he has written that "the Palladian villas, of the pavilion type, appropriated the surrounding cultivated fields. Nature and building are linked together with great refinement and mutually condition one another. Dan Graham's pavilions stand in a contrasting parallelism with respect to the models of architectural thinking. The 'immovable container' is inserted into a preconceived perceptional field and commences its play with a delimiting and 'de-delimiting' effect. The vivification of the 'container' takes place by way of glass (windows, ocular doors), whose characteristics, ranging from transparency to total reflection, offer different modes of perception."* [4] *Both of these quotes speak of the contrast between architectural thought and other ways of thinking which are deserving of conscious articulation; here "emotion" and "perception" are the conceptual keys. They define a field of teaching which architecture has excluded for more than twenty years, at least, and which has only come to be considered once again thanks to the recent interest in land art. The terms occupy a central place in Krischanitz's*

Profundidad emotiva (Oskar Putz, Werner Würtinger)
Emotive depth (Oskar Putz / Werner Würtinger)

Juego con un efecto delimitador y des-delimitador (Dan Graham)
Play with a delimiting and de-delimiting effect (Dan Graham)

podría ser definido como "ambivalencia estable" se puede leer directamente en los resultados: las viviendas de la Pilotengasse y también el pabellón de exposiciones de St. Pölten se pueden percibir como *shock* (la profundidad emotiva de los colores en las viviendas de Viena y los diferentes modos de percepción, debido al eternit ondulado transparente, en el pabellón de St. Pölten) o como algo convencional (tipos arquitectónicos de aspecto familiar). Ambos proyectos revelan la irrupción de una estrategia más depurada en la manera de trabajar de Krischanitz.

Durante el período 1991-1995, Krischanitz fue presidente de la Secession vienesa. El paralelismo entre este cargo y su arquitectura, que a primera vista parece meramente casual, ha sido fructífero pues debido a su manera de pensar en energías formales (en relación con el arte) se ha tenido que reflejar en textos (los prólogos de treinta catálogos de exposiciones) y le ha permitido precisar y purificar la manera de pensar arquitectónica libremente fuera de su propia actividad; y a la inversa, el tratar de comprender y familiarizarse con el espectro extraordinariamente variado del arte contemporáneo también ha comportado una toma de conciencia de la simultaneidad de fascinaciones y temas que, a veces, ha podido adaptar directamente a sus proyectos arquitectónicos para probar sus "posibilidades de aplicación". La manera de pensar del arquitecto, consecuente y cargada de tradición, se introdujo en el fluido campo de acción del arte; al mismo tiempo se trasladaron las tematizaciones individualistas de los artistas al espacio objetivo de la arquitectura. Mientras que como arquitecto se "perdía" en el arte, su pensamiento arquitectónico conquistaba una nueva esencia del arte de construir. Pensada (y, sobre todo, formulada) arquitectónicamente a través de la forma artística se convirtió en una materia prima renovada y consciente para el hallazgo/invento arquitectónico de formas.

De los muchos prólogos pueden elegirse y ennumerarse quince puntos representativos de la amplia investigación realizada y las reflexiones que contienen:

1. La naturaleza

"La naturaleza no sólo se encuentra en

conception of architecture. The sought for what could be defined as a conditoin of "stable ambivalence" can be read directly in the results: both the Pilotengasse housing and the St. Pölten exhibition pavilion can be perceived as shock (the emotive depth of the colours in the case of the houses in Vienna and the different modes of perception, occasioned by the translucent corrugated fibreglass in the case of the St. Pölten pavilion) or as something conventional (architectonic types of familiar appearance). Both projects reveal the breakthrough of a refined strategy into Krischanitz's way of working.

During the period 1991-1995, Krischanitz was chairman of the Vienna Secession. The parallelism of that position and his architecture which might at first sight seem merely circumstantial, has been extremely fruitful, in that as a consequence of his way of thinking about the energies of form (in relation to art) had to be reflected in texts (the prologues to some thirty exhibition catalogues), and this has enabled him to clarify and purify his way of thinking about architecture, freely, outside of his own professional activity; in the other direction, the closeness tothe extraordinarily variegated spectrum of contemporary art has also made him aware of the simultaneity of fascinations and themes which he has, at times, been able to adapt directly to his architectural projects in order to test out their "possibilities of application". The architect's way of thinking, consistent and loaded with tradition, introduced itself into the fluid field of action of art; at the same time the artists' individualized thematic concerns were translated into the objective space of architecture. While as an architect he was "losing himself" in art, his architectural thinking was embracing a new essence of the art of construction. Thought out (and, above all, formulated) architectonically by means of artistic form, this became a new and conscious raw material for the architectural discovery/invention of form.

His numerous prologues allow us to select and enumerate fifteen points which are representative of the far-reaching researches Krischanitz has carried out and the reflections they contain:

Apariencia formal de la decadencia del espacio humano en el tiempo (Lois Winberger)
Formal appearance of the decadence of the human space in time (Lois Weinberger)

Observación controlada (Brigitte Kowanz)
Controlled observation (Brigitte Kowanz)

Una especie de cambio de material (Josef Dabernig)
A kind of change of material (Josef Dabernig)

el llamado paisaje natural sino también en la ciudad artificial entre piedras, carriles, juntas, grietas y descampados. El hombre orienta su obra contra la naturaleza, a la que finalmente vuelve a revertir. Todo espacio que no es utilizado por el hombre recae en la naturaleza. La naturaleza visible sólo es la apariencia formal de la decadencia del espacio humano en el tiempo. La domestificación de la naturaleza es el intento alegórico de superación de lo finito de la humanidad".[5]

2. El espacio

"El espacio, en su primer significado lingüístico, es el claro creado en el bosque talando árboles para conseguir un lugar de asentamiento humano. Por lo tanto, originariamente el espacio es un espacio vaciado. En oposición a él se encuentran las modernas experiencias –superadoras de fronteras– del espacio y el tiempo en automóviles, aviones, submarinos, naves espaciales, etc..., que muestran tanto la relatividad de los fenómenos aislados, como también las grandes relaciones. La superación de fronteras puede diversificar las percepciones y permite su clasificación en un horizonte más amplio de experiencias".[6]

3. El efecto

"La consecuencia estructuradora no es el devenir del uso, sino la energía complementaria en tanto que seductora de idea(s)".[7]

4. El arte (1)

"El arte no explica fenómenos, él mismo es un fenómeno; no explica la naturaleza, él mismo es naturaleza; no explica resultados, él mismo es un resultado, por lo tanto es hipótesis y tesis al mismo tiempo. La atención dinámica y la observación controlada aceleran los procesos de intercambio de material y trasladan al hombre al estado viril de crecimiento de experiencia y autoconocimiento".[8]

5. El arte (2)

"El arte es siempre traslación de un sistema a otro, una especie de intercambio de material, que libera energía de movimiento, en cuyo campo gravitatorio es posible adquirir conocimientos. En este proceso lo ya visto (esperado) y lo nuevo por ver (inesperado) constituyen aquellos polos entre cuyos campos de fuerzas dinámicos se origina un nuevo potencial de percepción".[9]

1. Nature

"Nature is found not only in the so-called natural landscape but also in the man-made city, amongst stones, road, joints, crevices and open spaces. Man directs his work against nature, to which it (the work) finally reverts once more. Any space which is not used by man goes back to nature. Visible nature is only the formal appearance of the decadence of the human space in time. The domestication of nature is humanity's allegorical attempt to transcend the finite". [5]

2. Space

"Space, in its first linguistic meaning, is the clearing made in the forest by cutting down trees to create a place for human settlement. It follows, then, that space was originally an emptied space. In opposition to this we have the modern experiences –crossing borders– of space and time in cars, planes, submarines, spaceships, etc., which show not only the relativity of isolated phenomena but also the great relationships. The crossing of borders can diversify our perceptions and allow these to be classified against a broader horizon of experiences". [6]

3. Effect

"The structuring consequence is not the evolution of use, but the complementary and seductive energy of idea(s)". [7]

4. Art (1)

"Art does not explain phenomena, it is itself a phenomenon; it does not explain nature, it is itself nature; it does not explain processes, it is itself a process and as such it is hypothesis and thesis at the same time. Dynamic attention and controlled observation accelerate the processes of exchange of material and bring man to the virile state of experience and self-knowledge". [8]

5. Art (2)

"Art is always a transition from one system to another, a kind of metabolism which liberates energy of movement, in whose gravitational field it is possible to acquire knowledge. In this process, the already seen (expected) and the yet to be seen (unexpected) constitute the poles between whose fields of dynamic force a new potential for perception originates". [9]

Shock y convencionalidad (John Armleder)
Shock and conventionality (John Armleder)

6. La obra de arte

"La frialdad del artefacto produce el distanciamiento del mundo real y con ello alcanza la metaposición ideal de la visión general. A una obra de arte siempre le es propia la fuerza de lo fáctico, de lo espontáneo, de lo subjetivo, del *shock*, pero también el principio de la duración eterna, de lo convencional, de lo universal".[10]

7. Arte antiguo y arte contemporàneo

"Aunque el arte no es vida, sino que lleva su propia vida, es una forma de comunicación que actúa en el espacio social. Es decir, está en condiciones, e incluso está predestinado, a señalar más allá de su presencia inmediata. El arte antiguo generalmente es tan relajante porque, debido al cambio de circunstancias, evidentemente adquiere algo más. Esto se podría describir como paralelaje distanciador, es decir, la distancia entre el momento de creación y el momento de contemplación permite una recepción aparentemente segura (valorable, controlable). Así como las antiguas fábricas (a menudo con un perfil a modo de castillo) eran todo menos humanas cuando estaban en funcionamiento, luego se convirtieron en meras formas inofensivas que, liberadas del agudo sufrimiento laboral, se convierten en ejemplos de lo bello y artístico. Por consiguiente, la primera elevación tiene lugar a través de la estética, la transformación sin compasión a la '*belle étage*' de la forma ennoblecedora, la segunda tiene lugar a través de la incorporación a lo histórico. El arte contemporàneo, si ha de hacer justicia a su papel, ha de sustraerse a esta mecánica afirmativa y por este motivo también está destinado a encontrar nuevos caminos que, aparentemente se apartan de aquello que para la mayoría distingue al arte. Por ello ha de haber artistas jóvenes que intenten sustraerse a esta impresión de adaptación y mimetismo o, al menos, hacerlo conscientemente".[11]

8. La deconstrucción del contenido en beneficio de la forma

"La deconstrucción del contenido en beneficio de la forma encubre el plano del

6. The work of art

"The coldness of the artefact produces the distancing from the real world and with this attains the ideal metaposition of the overall vision. What is always intrinsic to a work of art is the power of the real, of the spontaneous, of the subjective and of shock, but also the principle of eternal duration, of the conventional, of the universal". [10]

7. Art of the past and contemporary art

"Although art is not life, but lives its own life, it is a form of communication which acts in the social space. In other words, it has the capability, and is even predestined, to point beyond its own immediate presence. The art of the past is generally so relaxing because, as a result of the change in circumstances, it evidently acquires something more. This might be described as distance-parallax; in other words, the distance between the moment of creation and the moment of contemplation allows an apparently safe reception (assessable, controllable). The same is true of old factories (many of them with a silhouette like that of a castle), which were considerably less human during their productive lives, and went on to become mere inoffensive forms which, freed from the sufferings of the workers, have been transformed into examples of the beautiful and the artistic. In consequence, the first elevation is effected by means of the aesthetic, the transformation without compassion into the belle étage of the ennobling form; the second takes place through the incorporation into the historical. Contemporary art, if it is to do justice to its role, has to detach itself from this affirmative mechanism, and for this reason is destined to discover new paths which apparently diverge from that which, for most people, distinguishes art. So there must be young artists who seek to divorce themselves from the pressure to adapt complacently, or at least to expose consciously". [11]

8. The deconstruction of content in favour of form

"The deconstruction of content in favour of form covers over the plane of know-

El potencial social en el arte (Otto Zitko)
The social potential in art (Otto Zitko)

La incorporación de lo trivial artesano (Lois Weinberger)
The incorporation of the artisanate trivial (Lois Weinberger)

conocimiento rápido en beneficio del desciframiento de otro existente detrás".[12]

9. Lo otro

"Detrás de la puerta cerrada espera lo otro como idea. Deja esperar una relación lógica, que también se encuentra más allá de lo inesperado".[13]

10. El arte *versus* lo otro

"El arte *versus* lo otro se condicionan mutuamente de manera compleja y hacen muy necesaria una delimitación. El potencial necesario se encuentra tanto en la correspondiente confrontación como en la propia sustancia".[14]

11. El potencial social en el arte

"El potencial social en el arte quizás no diga nada esencial sobre su cualidad, sin embargo se puede esperar que el arte no sea un puro alejamiento de los aspectos sociales. La cuestión social también es finalmente una cuestión cultural y la posibilidad especular del arte confecciona el nivel de tolerancia del espacio libre de temores, en cuyo interior pueden representarse y desarrollarse (nuevas) relaciones sociales y políticas".[15]

12. Lo trivial

"La búsqueda de la verdad se ha de ver como una búsqueda de verdades artísticas cuyo potencial de veracidad se agota más allá de la trama de efectos. Con ello el espacio artístico se equipara, en el caso ideal, a una estructura isotrópica con posibilidades de disponibilidad presentes simultáneamente, pero sin embargo, sin perder la rotundidad de segregación. La incorporación de lo trivial –artefactos artesanos, modas–, conlleva la participación de un potencial, situado hasta ahora en falso, con determinadas propiedades artísticas sin ser ya/todavía arte. El arte queda definido por sus límites".[16]

13. La contradicción

"¿Tiene sentido entregarse a las contradicciones de nuestro tiempo para quizás poder averiguar las condiciones para una nueva verdad a partir de los antagonismos? Quizás artistas como, por ejemplo, Ann y Bernhard Blume, Guillaume Bijl o Fischli/Weiss reflejan con objetos cotidianos el intento de yuxtaponer cosas, originariamente incompatibles, entre las que era imposible tomar una decisión clara respecto a una direc-

ledge in favour of the deciphering of another one existing behind it". [12]

9. The other

"The other waits behind the closed door as idea. It conjures up a logical relationship, which also lies beyond the unexpected". [13]

10. Art versus the other

"Art versus the other: they mutually condition one another, and make a delimitation a prime requisite. The necessary potential is found in both the resulting confrontation and in the substance itself". [14]

11. The social potential in art

"The social potential in art perhaps has nothing essential to say about its quality, but it is nevertheless legitimate to expect that art should not be a mere distancing from social factors. The social question is also ultimately a cultural question, and the mirroring potential of art produces the level of tolerance of a space free of fears, in whose interior (new) social and political relations can be represented and developed". [15]

12. The trivial

"The search for truth has to be seen as a search for artistic realities whose truth potential is exhausted through its impact. In this way the artistic space assumes, under ideal conditions, the egalitarian status of an isotropic structure with simultaneously present possibilities of availability, yet without losing its selectivity. The incorporation of the trivial — craft artefacts, fashion modes — involves the participation of a potential, until now falsely situated, possessing particular aesthetic properties while still not/not as yet being art. Art is defined by its boundaries". [16]

13. Contradiction

"Does it make sense to surrender oneself to the contradictions of our time so as to be able, perhaps, to test out the conditions for a new truth on the basis of these antagonisms? Perhaps artists such as, for example, Anna and Bernhard Blume, Guillaume Bijl or Fischli/Weiss reflect, with everyday objects, the attempt to juxtapose things that were originally incompatible, between which it was impossible to arrive at a clear decision with respect to a particular direction. One distances oneself from an intolerable reality by

La puesta en servicio de partes del mundo real (Dieter Roth)
The pressing into service of parts of the real world (Dieter Roth)

La manipulación de las obras de arte ya "percibidas" (Adolf Krischanitz)
The manipulation of already "perceived" works of art (Adolf Krischanitz)

ción determinada. Uno se sustrae a la realidad difícilmente soportable colocando las cosas incompatibles como opuestos y llevándolas a un equilibrio. Así –a través de la creación de un equilibrio de cosas en sí mismas incompatibles– puede, como mínimo, liberarse excepcionalmente la misma energía de reflexión como al revés, al ponderar y sopesar".17

14. Un nuevo centro de contemplación artística

"La puesta en servicio de partes del mundo real produce el desacoplamiento de la existencia histórica y su prolongación en la desnaturalización de artefactos. Los flujos opuestos de modelo y realidad sacuden al contemplador de su posición y le permiten encontrar un nuevo centro entre las cosas de este mundo".18

15. Un nuevo centro de acción artística

"La distancia al mundo real como distancia necesaria de enfoque, así como su existencia parcial directa e indirecta, tensan el posible espacio de los modos de producción y recepción. La equidistancia respecto a las dos grandes fuentes de inspiración, tal como representa por un lado la cotidianeidad y, por el otro, la manipulación de las obras de arte ya "percibidas", origina, en una especie de doble dicotonomía, un nuevo centro de acción artística".19

El concepto de "un nuevo centro" puede aplicarse muy bien a la postura mencionada al principio entre "hallar" e "inventar", sobre todo debido a la "dicotonomía" ahora mencionada. Por ejemplo, la escuela Neue Welt presenta en su fachada un patrón clásico (de manera parecida a Ungers), que se ha empleado e interpretado de nuevo como imagen, mientras que la fachada longitudinal queda determinada por una moderna ventana horizontal, cuyo vidrio verde recuerda las imágenes de ordenador. Esta dicotonomía se rodea con un marco negro de hormigón, que se opone por igual a las propiedades formales de ambas partes. La "puesta en servicio de partes del mundo real" actúa como doble dicotonomía en el ámbito de los contenedores de basuras, visibles desde la calle, pero apantallados con un muro de hormigón desde el edificio, para enfrentarlos así al volumen construido. Aquí queda claro que el diálogo escrito de Krischanitz con los artistas que han

setting up incompatible things as opposites and bringing them into equilibrium. In this way –through the creation of an equilibrium of things that are in themselves incompatible – it is at least possible to release, exceptionally, the same reflective energy as the other way, in pondering and weighing". 17

14. A new centre of artistic contemplation

"The pressing into service of parts of the real world produces the uncoupling from historical existence and its extension into the unnaturalness of artefacts. The opposing flows of model and reality shake the observer out of his position and enable him to find a new centre amongst the things of this world". 18

15. A new centre of artistic action

"The distance from the real world as the necessary focal distance, together with the direct and indirect involvement in it, tense the possible space of the modes of production and reception. The equidistance with respect to the two great sources of inspiration, as represented on the one hand by everydayness and, on the other, the manipulation of already "perceived" works of art, gives rise, in a kind of double dichotomy, to a new centre of artistic action". 19

The concept of "a new centre" applies very well to the position we considered at the outset between "discovering" and "inventing", above all in relation to the "dichotomy" in the last quote. For example, the facade of the Neue Welt nursery school presents a classical pattern (reminiscent of Ungers) that has been utilized and interpreted once again as an image, while the longitudinal facade is determined by a modernist horizontal window, of which the greenish glass recalls a computer screen. This dichotomy is surrounded by a frame of black concrete which is equally opposed to the formal properties of the two parts. The "pressing into service of parts of the real world" acts as a double dichotomy in the area of the rubbish bins, visible from the street but screened from the building by a concrete wall, thus bringing these into confrontation with the built volume. Here it is clear that Krischanitz's written dialogue with the artists he has exhibited at the Secession has served –no doubt in an

Todas las citas son de Adolf Krischanitz y se han extraído de los catálogos de la Secession, Viena
1. ¿Puede tener ingenio un producto? Stanford, 1994
2. El horizonte como centro; John Armleder, 1993
3. Trenes que se cruzan. Werner Würtinger / Oskar Putz, 1992
4. Maqueta y realidad, Dan Graham, 1992
5. Sobre el cercado ruderal de Lois Weinberger, 1995
6. La materialidad de la nada. James Turell, 1992
7. El amueblamiento de la Secession vienesa por Andreas Reiter-Raabe; Andreas Reiter-Raabe, 1993
8. A la sombra del conocimiento; Briggitte Kowanz, 1993
9. Josef Dabernig, 1992
10. El horizonte como centro. John Armleder, 1993
11. ¿Cuán social es el arte? 11 semanas de clausura, 1993
12. Signos luminosos. Maurizio Nannucci, 1995
13. El arte no es más que la puerta entre yo y el mundo. János Erdödy, 1994
14. El arte, un lugar no definido con mayor precisión; Aura, 1994
15. ¿Cuán social es el arte? 11 semanas de clausura, 1993
16. El horizonte como centro. John Armleder, 1993
17. El equilibrio de lo desigual. Moulinex, 1992
18. El arte no es más que la puerta entre yo y el mundo. János Erdödy, 1994
19. El pensamiento salvaje. oposiciones y campos hermanos, 1993
20. El arte no es más que la puerta entre yo y el mundo; János Erdödy, 1994

All quotations are by Adolf Krischanitz and are taken from the Secession catalogues, Vienna.
1. Can a product have ingenuity? Stanford, 1994
2. The horizon as centre. John Armleder, 1993
3. Crossing trains. Werner Würtinger/Oskar Putz, 1992
4. Model and reality. Dan Graham, 1992
5. On Lois Weinberger's ruderal enclosure. 1995
6. The materiality of nothing. James Turell, 1992
7. The furnishing of the Viennese Secession by Andreas Reiter-Raabe. Andreas Reiter-Raabe, 1993
8. In the shadow of knowledge. Brigitte Kowanz, 1993
9. Josef Dabernig, 1992
10. The horizon as centre. John Armleder, 1993
11. How social is art? 11 weeks of cloister. 1993
12. Luminous signs. Maurizio Nannucci, 1995
13. Art is nothing more than the door between me and the world. János Erdödy, 1994
14. Art, a place not defined with greater precision. Aura, 1994
15. How social is art? 11 weeks of cloister. 1993
16. The horizon as centre. John Armleder, 1993
17. The equilibrium of the unequal. Moulinex, 1992
18. Art is nothing more than the door between me and the world. János Erdödy, 1994
19. Savage thought; oppositions and kindred fields. 1993
20. Art is nothing more than the door between me and the world. János Erdödy, 1994

expuesto en la Secession, ha servido –seguramente de manera completamente no intencionada y por ello quizás tanto más efectiva y sorprendente– de investigación arquitectónica.

Se introdujeron pabellones temporales de manera experimental y paradigmática como "aparatos perceptivos" del espacio urbano. Recorrido, lugar y lámina espacial demuestran simultáneamente una ambivalencia dinámica. Esta postura se trasladó luego al plan general para "Donau City" en la idea de una forma permanente de flexibilidad. La forma de variación en los modelos de edificación recuerda enseguida la descripción de Krischanitz del principio de la "digitalización" del dibujo en los cuadros de János Erdödy [20]. El principio hallado/inventado ensambla el esfuerzo de crear una cualidad de interior y pensar la ciudad con la misma grandeza que Otto Wagner y el gran respeto ante la lectura de Camillo Sitte de los museos de Semper. Y también aquí el ensamblaje no se define procediendo eclécticamente, sino a través de una definición de lugares en diálogo con los artistas contemporáneos. Por consiguiente, la lista de los quince puntos merecen ser entendidos como una teoría del arte aplicable a la arquitectura y al urbanismo.

entirely unintentional way, and perhaps more effective and surprising as a result– the process of architectural investigation.

Temporary pavilions were introduced in experimental and paradigm fashion as a "perception device" of the urban space. Itinerary, place and spatial lamina simultaneously demonstrate a dynamic ambivalence. This approach was then transferred to the master plan for "Donau City" with the idea of permanently flexible form. The variety of form in the models of building immediately call to mind Krischanitz's description of the "digitalization" of the drawing in the sketchbooks of János Erdödy [20]. The discovery/invention principle connects the attempt to create an interior quality and to think the city with the same grandeur as Otto Wagner and a great respect for Camillo Sitte's reading of Semper's museums. And here, too, the connecting together is not defined by proceeding eclectically, but through a definition of places in dialogue with contemporary artists. Indeed: the list of fifteen points invite to be understood as an art theory applicable to architecture and urbanism.

1987-1991

Grupo de viviendas Pilotengasse, Viena

Housing development in Pilotengasse, Vienna

Junto con: **Herzog & de Meuron, Otto Steidle**
Colores: **Oskar Putz**
Colaboradores: **Franz Meisterhofer, Karl Peyrer-Heimstätt, Gerhard Schlager**

With: **Herzog & de Meuron, Otto Steidle**
Colours: **Oskar Putz**
Collaborators: **Franz Meisterhofer, Karl Peyrer-Heimstätt, Gerhard Schlager**

El tema urbanístico es la organización de una superficie según los principios de la fila: su comienzo y final, su curvatura, sus líneas perpendiculares a los radios, su disolución en edificios aislados. Mientras que las longitudes de las hileras son partes manifiestas de la edificación, los espacios intersticiales conforman el verdadero campo de relación transversal. Finalmente, el entrelazamiento de unos elementos marcadamente alargados, con unas relaciones transversales desmaterializadas, produce un campo de intercambio con un centro no específico y unos límites claramente determinados.

The urban design theme is the organization of a surface according to the principles of the row: its start and finish, its curve, its lines perpendicular to the radii, its dissolution into free-standing buildings. While the longitudes of the rows are manifestly parts of the building, the interstitial spaces compose the true transversally related field. Finally, the linking together of a series of emphatically elongated elements with dematerialized transverse relationships produces a field of exchange with a non-specific centre and clearly determined limits.

Vistas de las viviendas unifamiliares y pareadas

Views of the single-family and semi-detached houses

Plantas de las viviendas unifamiliares, pareadas y en hilera

Plans of the single-family, semi-detached and row houses

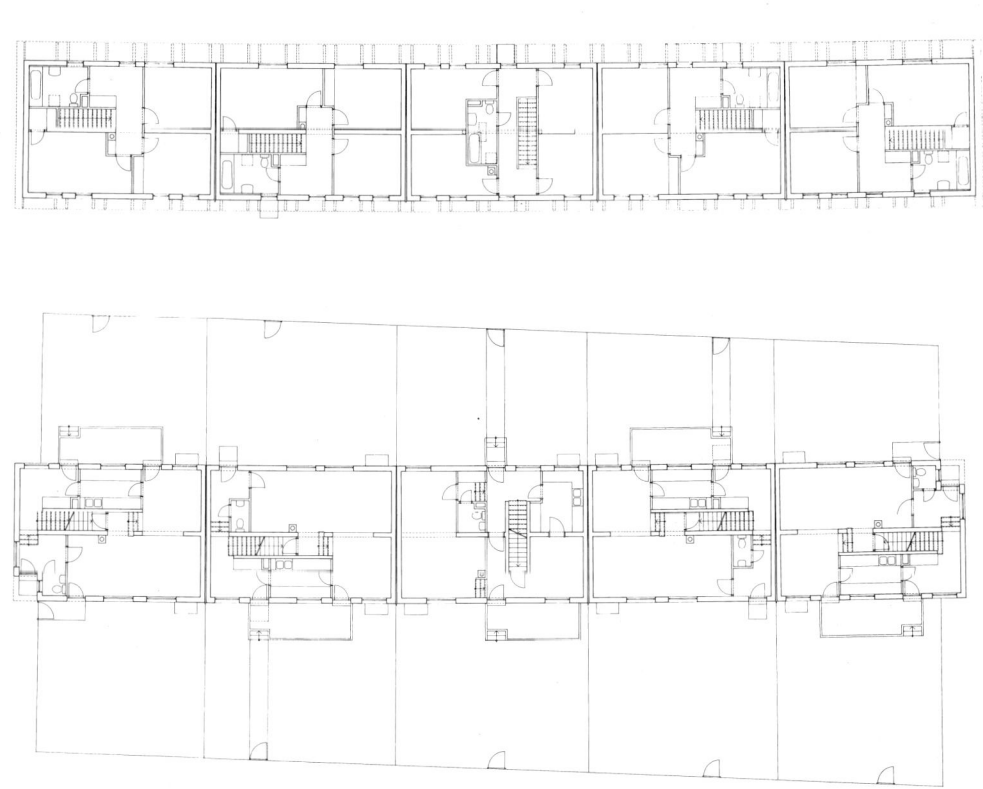

Vista de las viviendas en hilera y fotografía aérea de la colonia

View of the row houses and aerial view of the complex

1988-1989

Pabellón de exposiciones, St. Pölten

Estructura: **Wolfdietrich Ziesel**
Colores: **Oskar Putz**
Colaboradores: **Ludolf von Alvensleben, Jürg Meister**

El edificio circular se ha de equiparar a un marco colocado en el suelo que delimita su interior con partes que se elevan en vertical ordenadas rítmicamente. Mediante 24 pilares se obtiene un espacio cilíndrico, estructurado en tres niveles con galerías.

El marco material minimalizado es la reproducción directa de su utopía tectónica y matemática que, sin embargo, por su revestimiento de color experimenta simultáneamente un aligeramiento de lo constructivo.

El edificio longitudinal colindante es un marco vertical que puede recorrerse como galería y que además, como forma global, exhibe su función como supervitrina.

Exhibition pavilion, St. Pölten

Structure: ***Wolfdietrich Ziesel***
Colours: ***Oskar Putz***
Collaborators: ***Ludolf von Alvensleben, Jürg Meister***

The circular building asks to be read as a frame set down on the ground, which delimits its interior by means of rhythmically ordered parts which rise up vertically; the 24 pillars serve to produce a cylindrical space laid out over three levels with galleries.

The minimized material frame is the direct embodiment of a tectonic and mathematical Utopia, the constructive aspect of which is nevertheless lightened by the colour finish.

The neighbouring longitudinal building is a vertical frame which may be walked through like a gallery while at the same time, as an overall form, it manifests its function as an outsize display window.

Vista interior y exterior de la construcción traslúcida

Interior and exterior view of the translucent construction

Secciones y plantas

Sections and plans

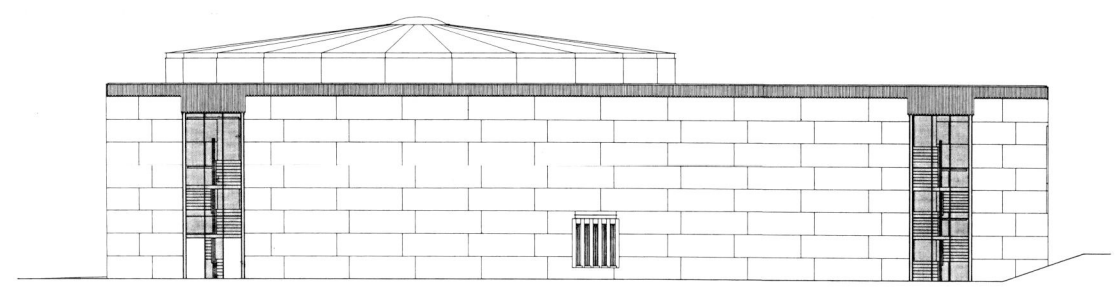

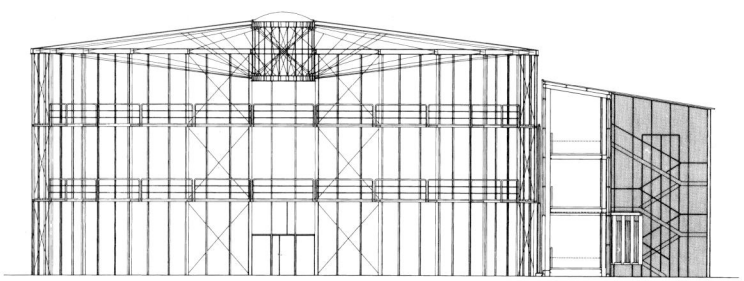

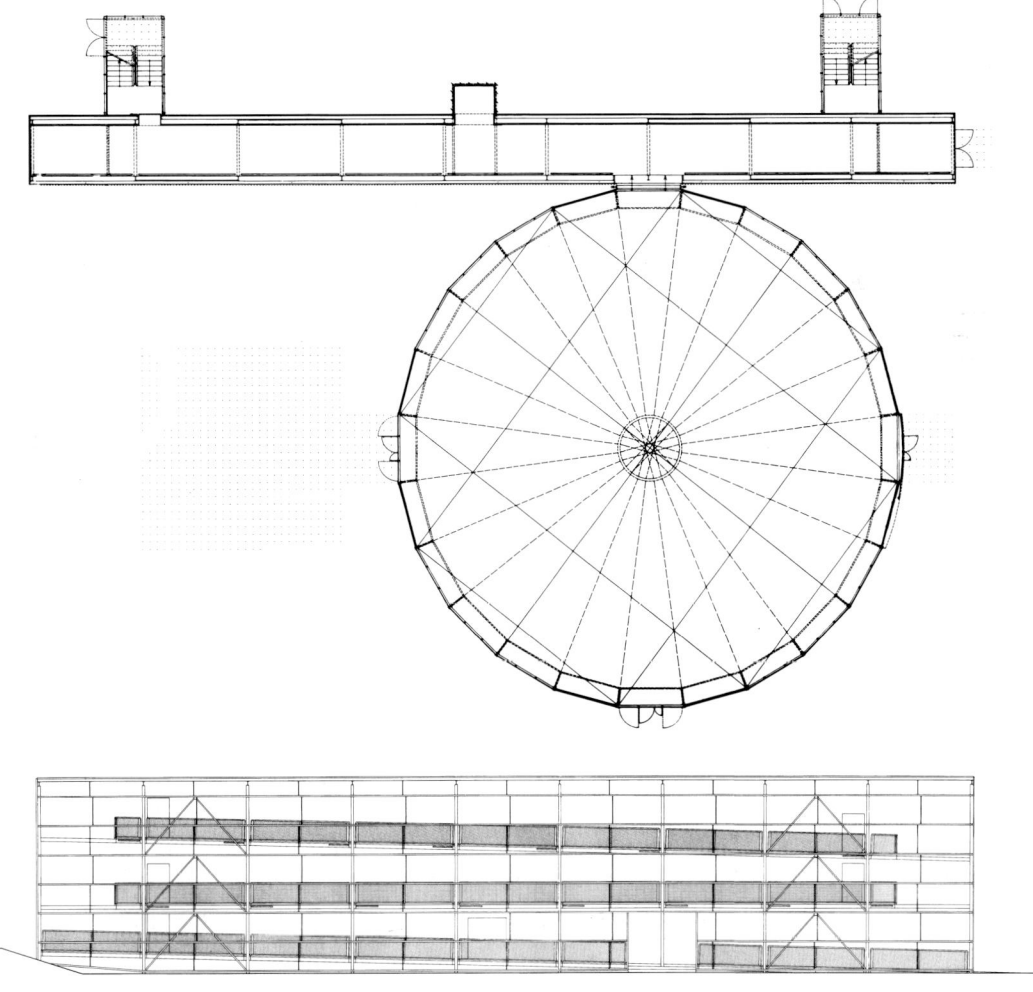

25

1991-1992

Sala de exposiciones temporales Kunsthalle Wien, Viena

Kunsthalle Wien temporary exhibition gallery, Vienna

Colores: **Oskar Putz**
Colaborador: **Wolfgang Tröger**

Colours: **Oskar Putz**
Collaborator: **Wolfgang Tröger**

Deja volar la caja, y la oclusión disuelta lo refuerza tanto como la entrada y salida de tubos.

A la oclusión ausente en el exterior del espacio se le enfrenta una oclusión presente en el interior, que se ensamblan en la síntesis construida de la sala de exposiciones. Como tipo arquitectónico se eligió la "caja" pura como forma más radical para delimitar un espacio. La "caja" es la forma simbólica abstracta del mundo "recortado" del mundo definido por el arte en el contenedor con referencias hacia el exterior.

Let the box fly, and the dissolved occlusion reinforces this as much as the entry and exit of the ducting.

The absent occlusion of the exterior of the space is countered by an occlusion present in the interior, and these are brought together in the built synthesis of the building. The architectonic type chosen here was the pure "box" as the most radical form with which to delimit a space. The "box" is the abstract symbolic form of the world "cut out" of the world, defined by the art inside the container with references to the exterior.

Circulaciones en el espacio exterior e interior

Circulation routes through the exterior and interior space

Alzados y planta

Elevations and plan

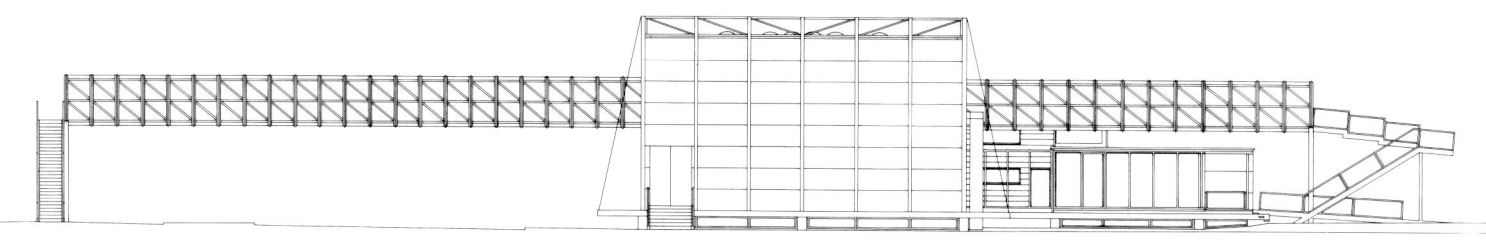

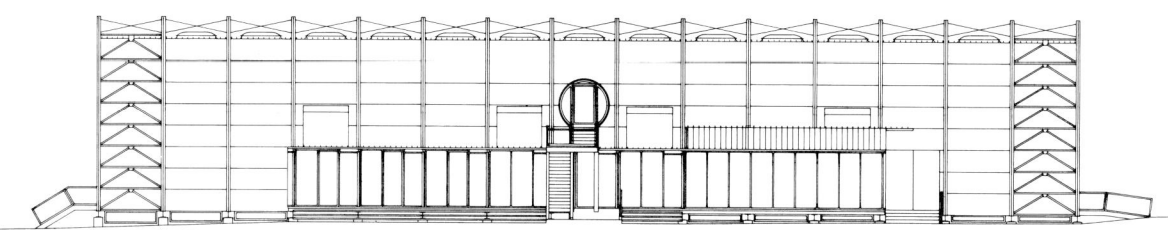

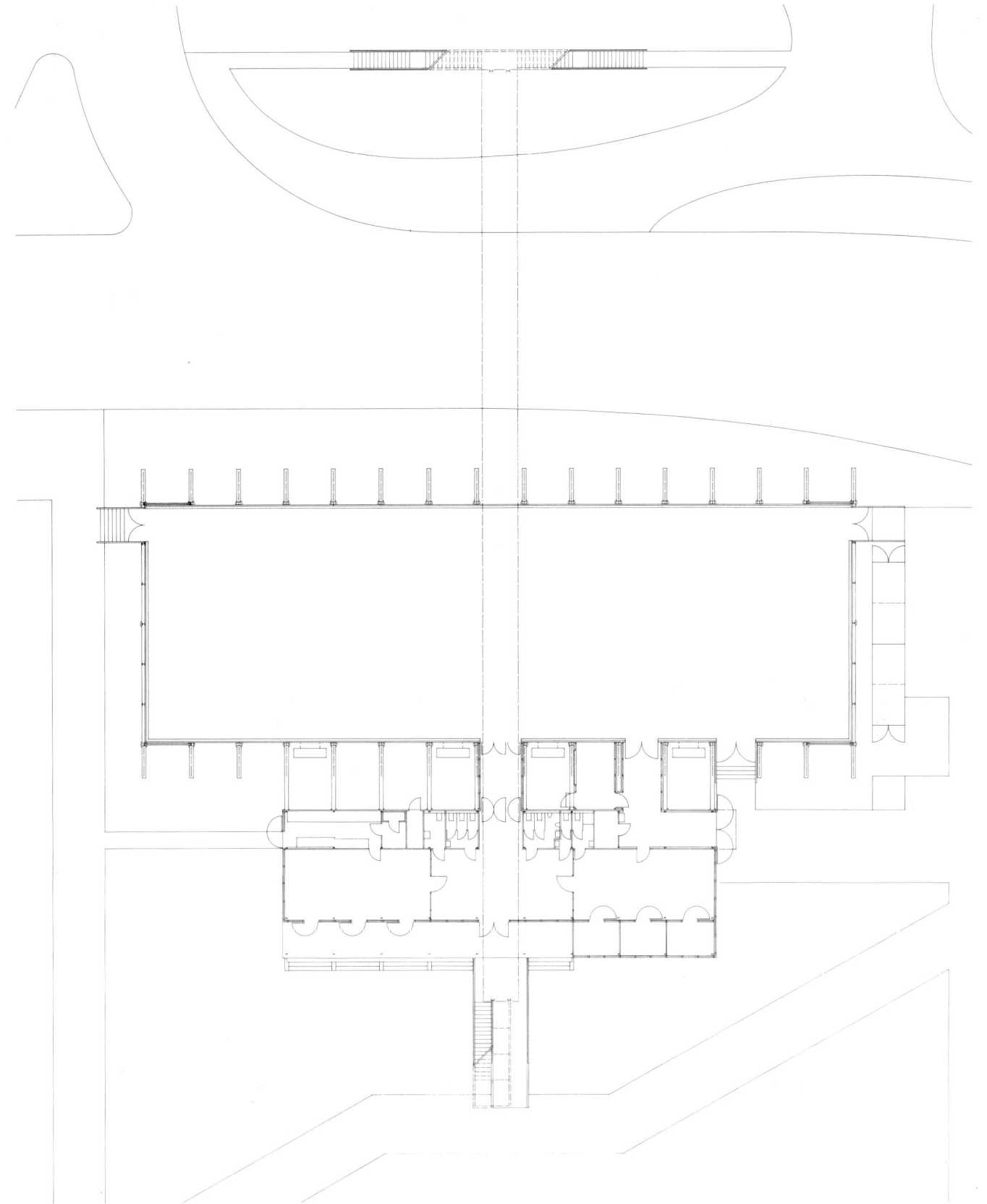

Vista de la fachada con trabajos del *"museum in progress"*: Ed Ruscha, Walter Obbholzer, Gerhard Richter, Douglas Gordon

View of the facade with "museum in progress" artworks: Ed Ruscha, Walter Obbholzer, Gerhard Richter, Douglas Gordon

1992-1994

Parvulario Neue Welt, Viena

Neue Welt nursery school, Vienna

Colores y materiales: **Oskar Putz**
Colaboradores: **Eric Red (1ª fase)**
Mark Gilbert (2ª fase)

*Colours and materials: **Oskar Putz***
*Collaborators: **Eric Red (phase 1)***
Mark Gilbert (phase 2)

Tanto los materiales como la parte de espacio delimitado que imagina la arquitectura están extraídos de la naturaleza.

El tema del edificio es lo singular entre la multiplicidad, el interior, el exterior, la naturaleza (arte), lo artificial (naturaleza), lo igual, lo diferente, la química de la percepción, los colores del artista como potencial energético así como también como portador de significado potencial.

Colores y materiales resaltan el origen mágico del edificio en tanto metaplanos de la presencia y la ausencia.

Both the materials and the delimited space imagining by the architecture are taken from nature.

The theme of the building is the singular amid multiplicity, the interior, the exterior, the natural (art), the artificial (nature), the same, the different, the chemistry of perception, the artist's colours as energetic potential as well as bearer of potential meaning.

Colours and materials emphasize the magical origin of the building as metaplanes of presence and absence.

Vistas de la entrada y de la fachada posterior

Views of the entrance and the rear facade

Alzados y plantas

Elevations and plans

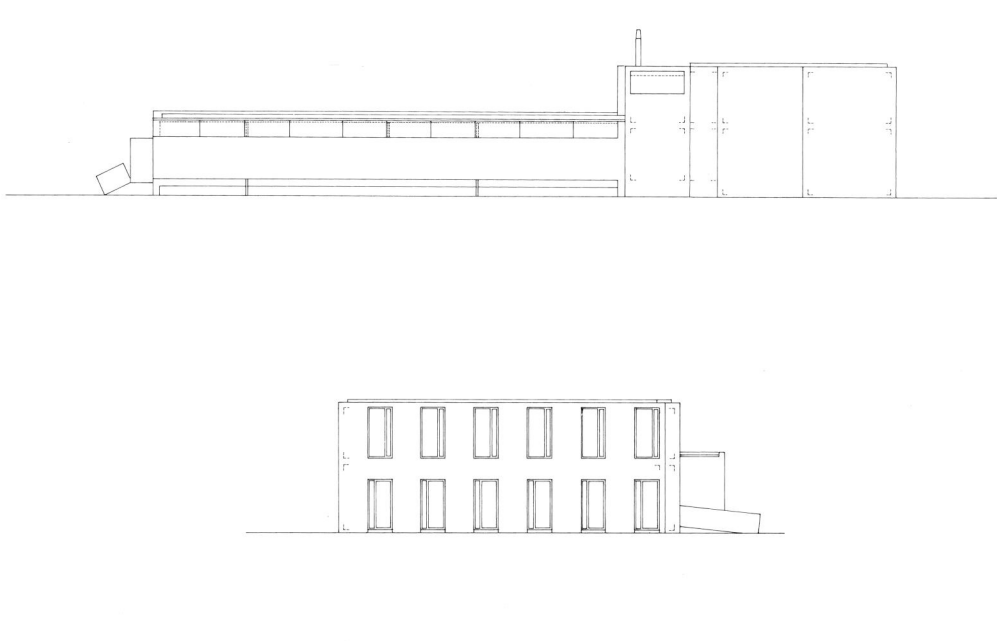

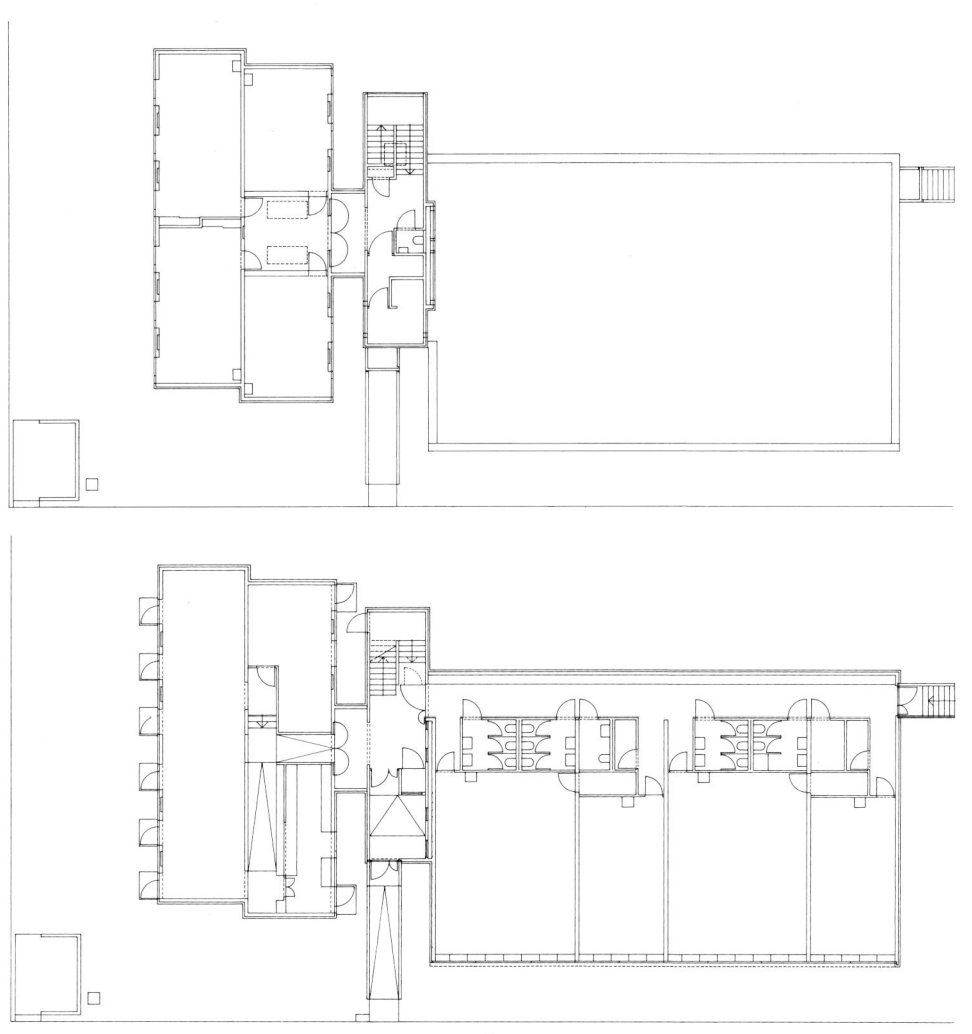

Vistas interior y exterior del comedor

Interior and exterior view of the dining room

1992-1995

Sala de exposiciones, Kunsthalle Krems, Krems

Colaboradores: **Jürg Meister, Gerhard Schlage**

El diseño de la sala de exposiciones Krems tematiza el diálogo entre una construcción existente (antigua fábrica de tabacos) y un edificio de nueva planta (una sala de exposiciones con salón de actos).

Entre estos dos límites surge un patio interior que, protegido con una cubierta de vidrio, se ofrece como un espacio adicional para exposiciones y actos.

El carácter protoindustrial de la construcción se mantiene en las zonas del edificio existente. Los espacios de nueva creación se retraen en cuanto a material y decoración, sin renunciar a una identidad propia, para ofrecer el mayor campo de juego posible al despliegue del arte.

Kunsthalle Krems exhibition gallery, Krems

*Collaborators: **Jürg Meister, Gerhard Schlage***

The design of the Krems exhibition gallery embodies the dialogue between an existing construction (an old tobacco factory) and a new building (an exhibition gallery with a functions hall).

Between these two limits there emerges an interior courtyard which, sheltered by a glass roof, offers itself as an additional space for exhibitions and events.

The proto-industrial character of the construction is maintained in the zones of the existing building. The newly created spaces hold themselves back in terms of materials and decoration without renouncing an identity of their own in order to give the greatest possible field of action to the display of the artworks.

Vista del vestíbulo y detalle de la fachada

View of the vestibule and detail of the facade

Secciones y planta

Sections and plan

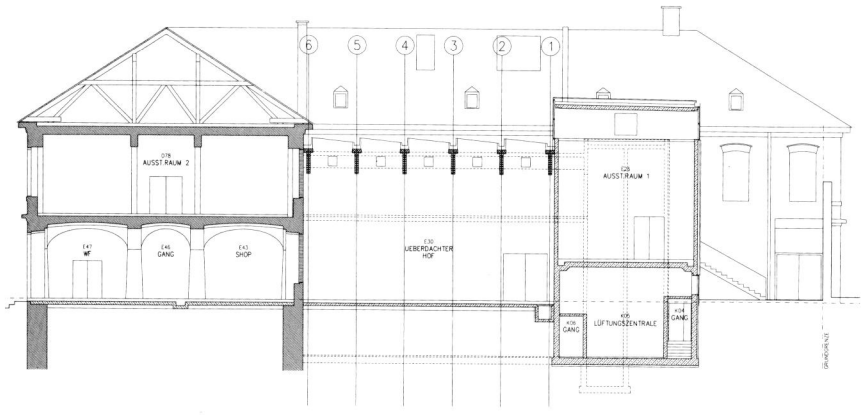

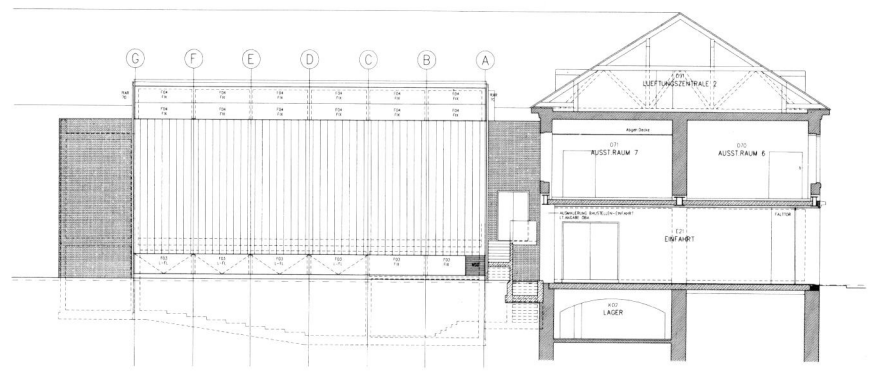

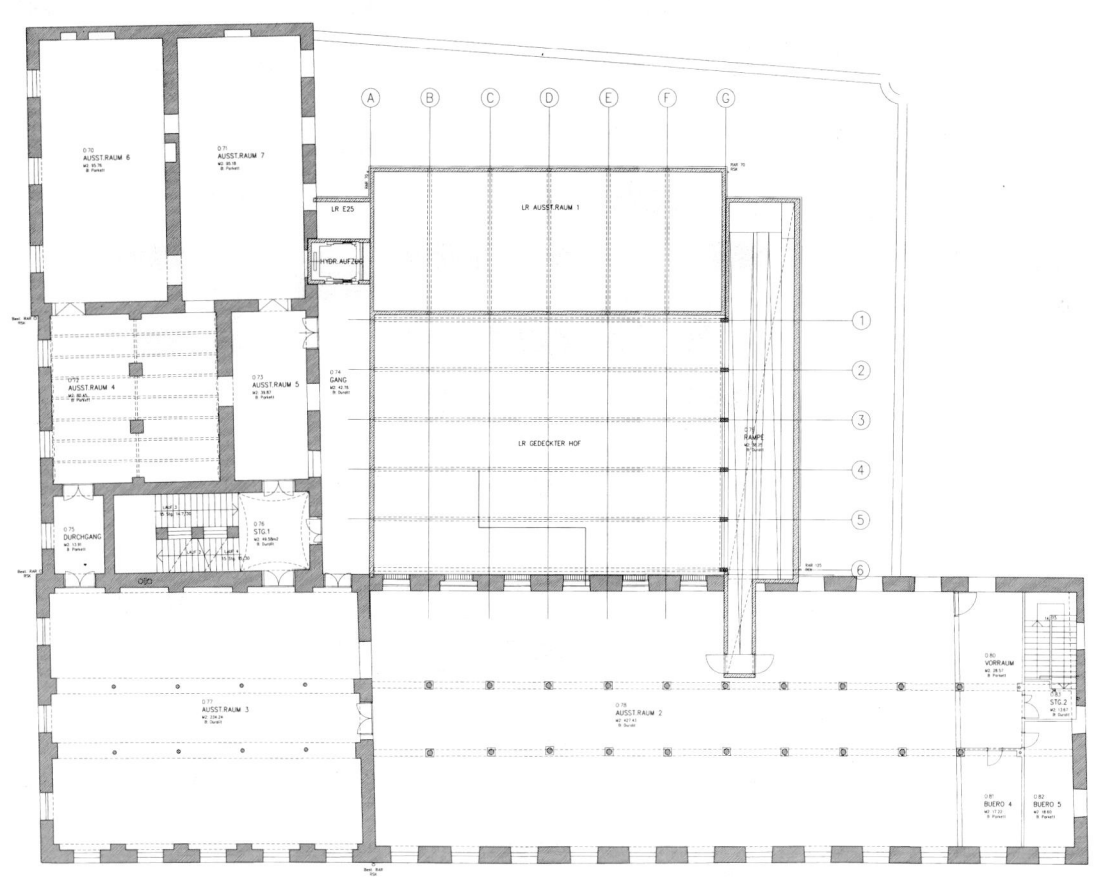

1992-1997

Donau-City plan general e infraestructura, Viena

Junto con: **Heinz Neumann, Axis Ingenierleistungen**
Colaborador: **Markus Grob (1ª fase)**
Ingrid Dreer (2ª fase)

Toda forma urbana parte de una ordenación de parcelas que de manera similar a la gramática de una lengua, sin ser visible en primer plano, regula el juego conjunto de las diferentes fuerzas configuradoras de la ciudad.

Las influencias perceptibles, como accesibilidad, orientación, iluminación, ventilación, densidad, altura, etc., se han de cuantificar con vistas a la consecución de un estado de equilibrio de calidad constante.

La retícula tridimensional básica, construida sobre un módulo de parcelas, permite una edificación muy variable y diferenciada, que se ajusta a la identidad deseada (*unique situation*) de cada uno de los edificios y que se extiende por el colector.

Donau-City master plan and infrastructures, Vienna

With: **Heinz Neumann, Axis Ingenieurleistungen**
Collaborators: **Markus Grob (phase 1)**
Ingrid Dreer (phase 2)

All urban form is based on the laying out of plots, and these, in similar fashion to the grammar of a language, although not visible on the surface, decisively regulate the play of the conjunction of different forces which configure the city.

The perceptible influences, such as access, orientation, light, ventilation, density, height, etc., have to be quantified in order to achieve a state of equilibrium of constant quality.

The basic three-dimensional grid, laid out on a modular ploy system, permits an extremely variable and differentiated construction repertoire perfectly suited to the desire to give each building an identity of its own (*unique situation*).

"Gramática" de las parcelas

The "grammar" of the plots

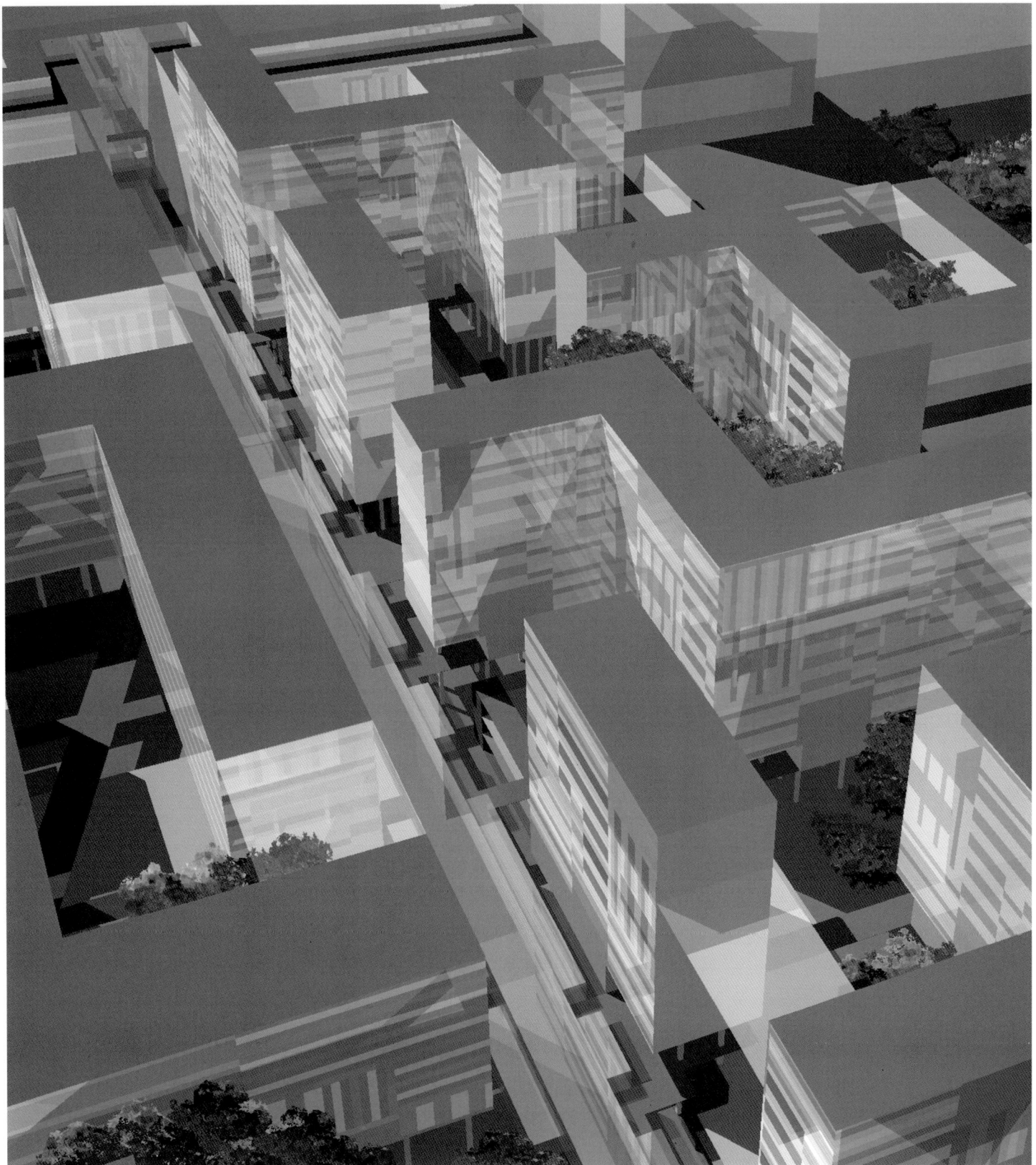

Nivel de transporte y organización
de la edificación

Service scheme and organization of building

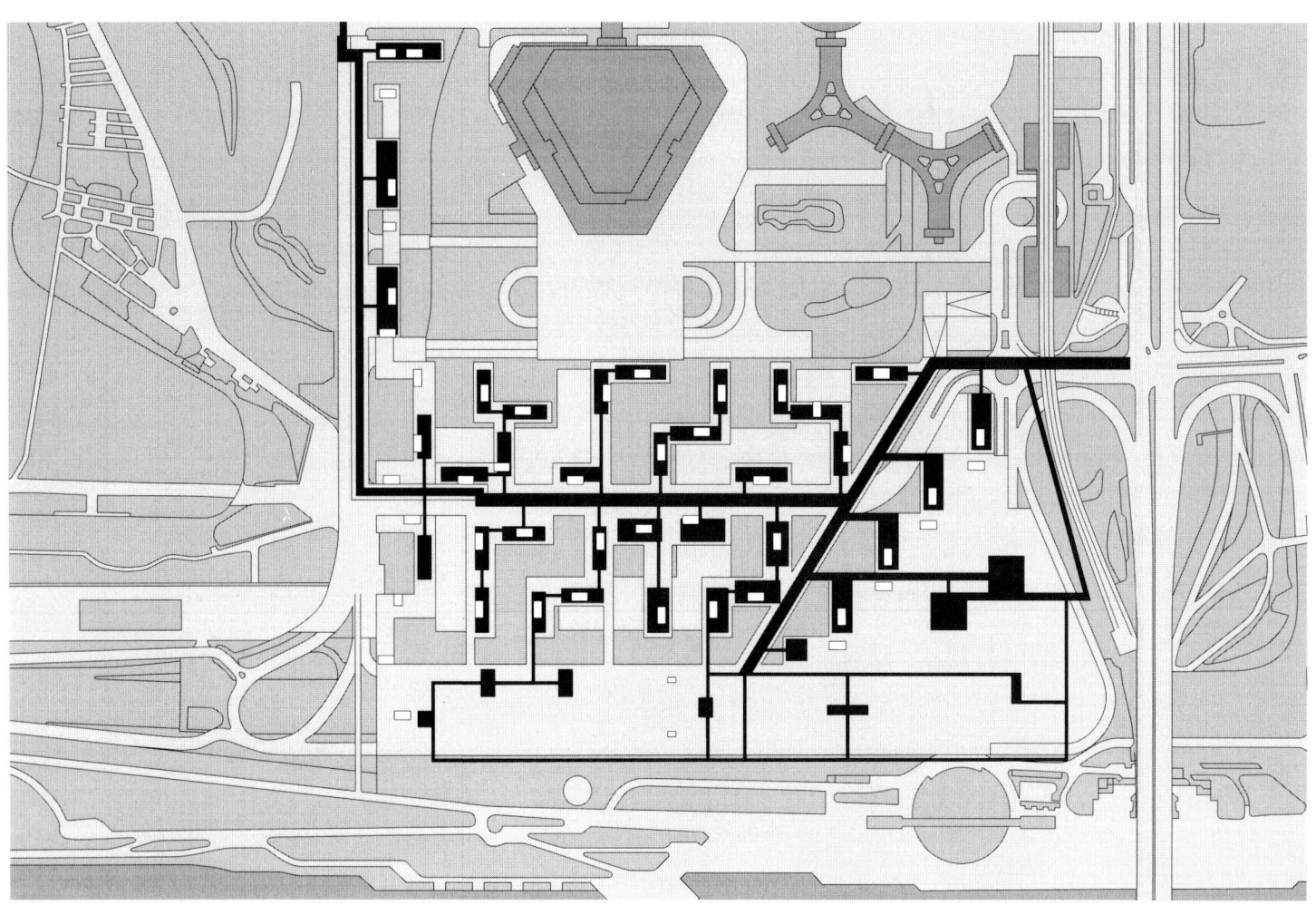

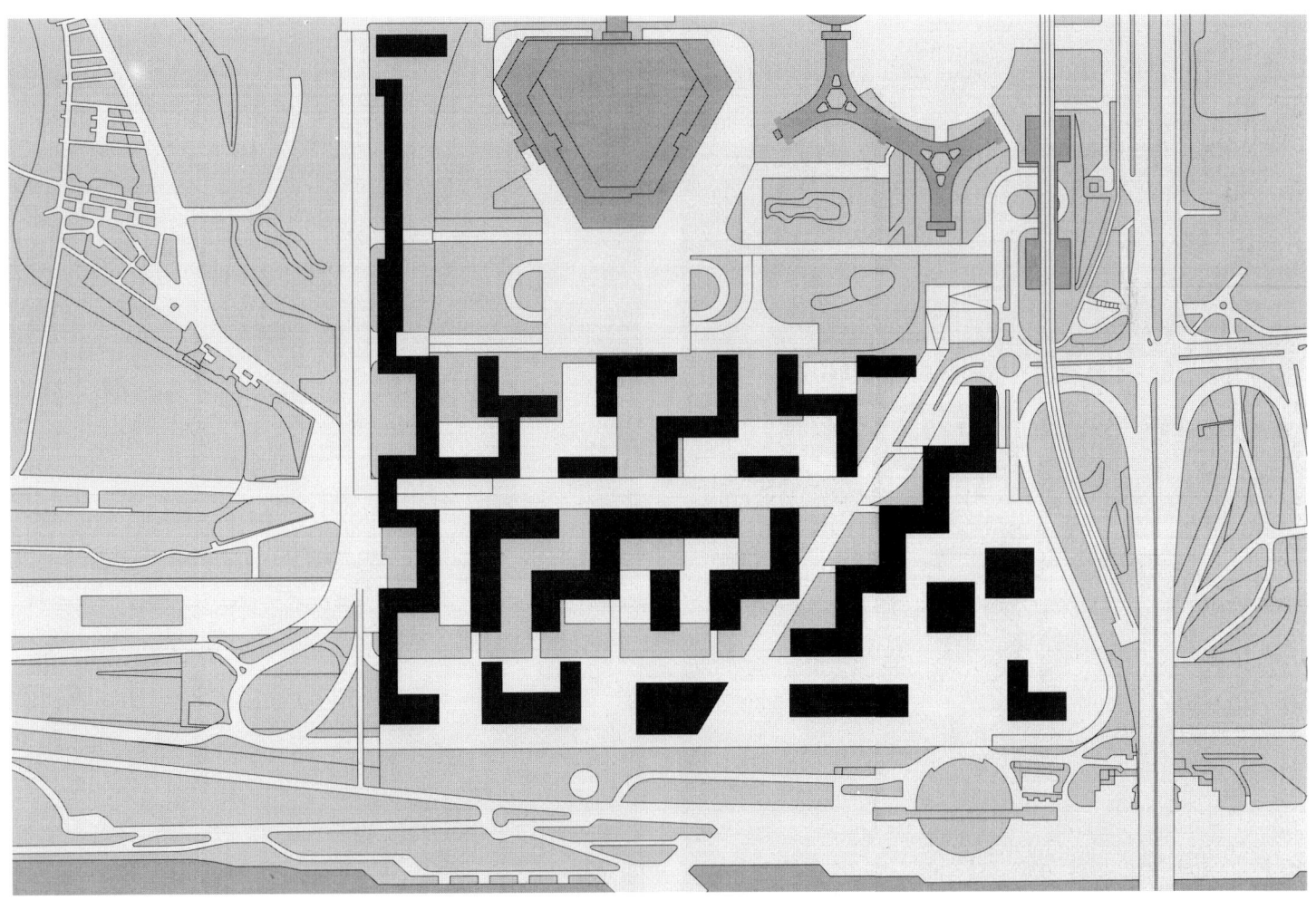

Colector en maqueta y en construcción

The collector bridge as a model and under construction

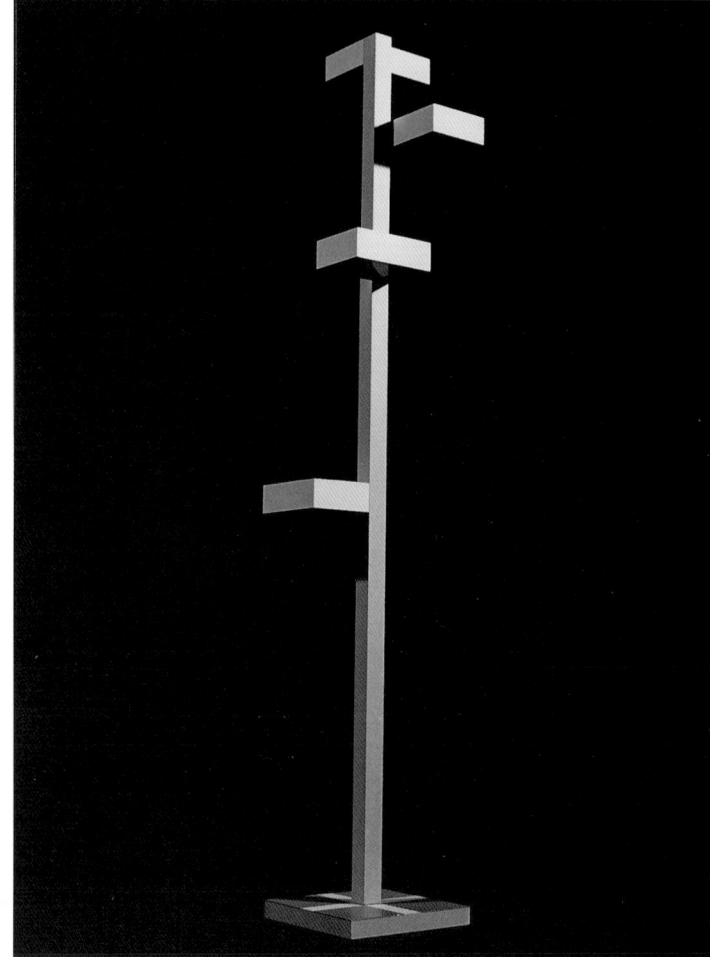

1992-1995

Condominio en Engilgasse, Viena

Colores: **Oskar Putz**
Colaboradora: **Susanne Ostertag**

Partiendo del muro oscilante del edificio a lo largo del límite norte del solar se extienden hacia el sur unos *fingers* de dos a tres plantas de altura. El frente posterior determina la dirección de cada una de las partes del edificio (módulos de viviendas y cajas de escalera) y establece la forma y el tamaño de los patios de luces. La ordenación recta/inclinada/recta de los ámbitos iguales de viviendas y las cajas de escaleras cónicas crean una estructuración en diferentes campos espaciales por recortes sincopados.

Condominium houses in Engilgasse, Vienna

Colours: **Oskar Putz**
Collaborator: **Susanne Ostertag**

Starting out from the oscillating wall of the building running along the northern boundary of the site, a series of two- and three-storey fingers projects southward. The rear facade determines the direction of each part of the building (housing modules and stair wells) and establishes the form and the size of the light wells. The straight/slanted/straight layout of the uniform housing modules and the conical stair wells structure the complex into different spatial fields on the basis of syncopated cutbacks.

Vistas

Various views

Alzados, secciones y axonometría

Elevations, sections and axonometric sketch

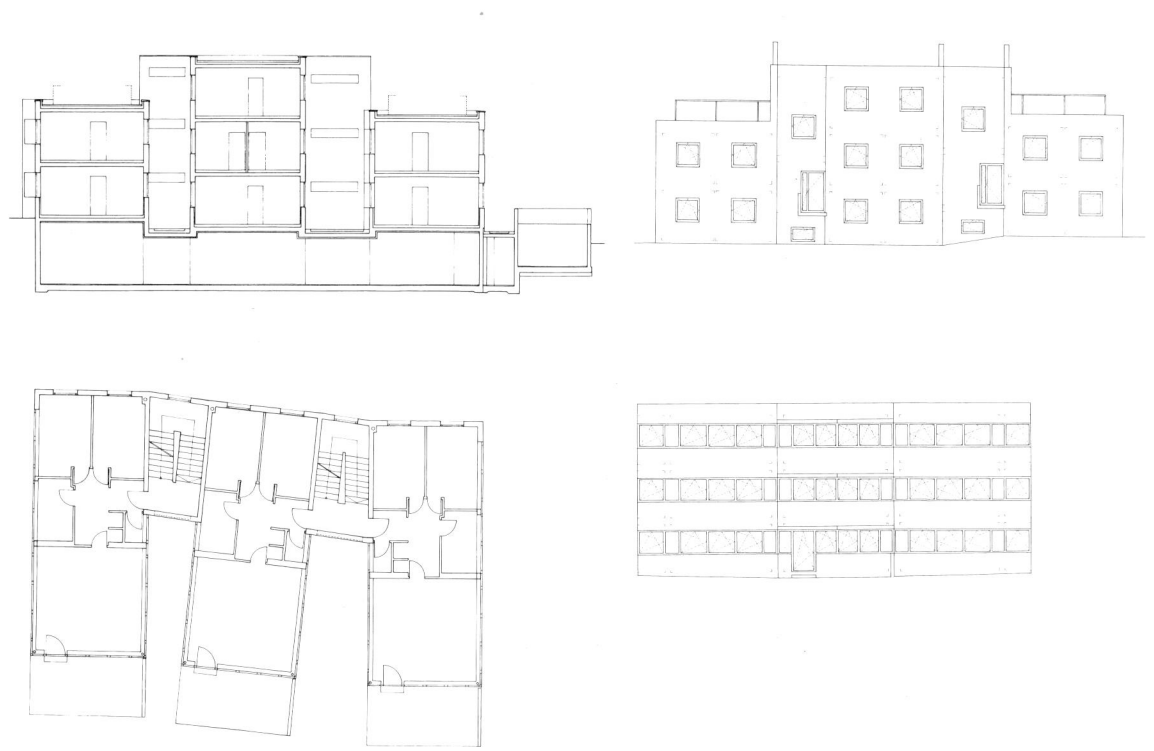

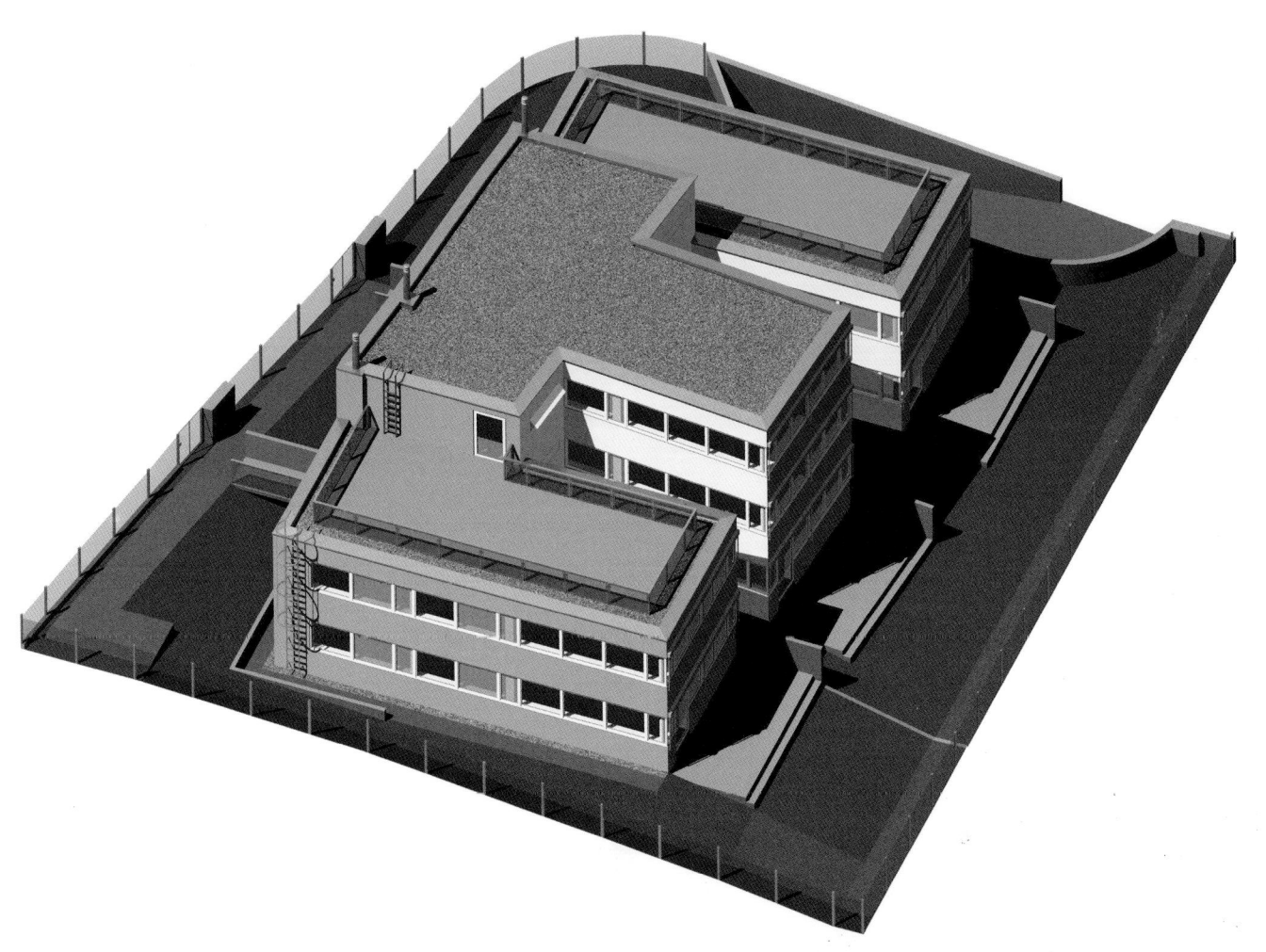

Vistas del interior y del exterior
Views of the interior and exterior

1994-

Grupo de viviendas Absberggasse, Viena

Colaboradores: **Mark Gilbert y Susanne Ostertag (1ª fase) Anna Wickenhauser (2ª fase)**

La estructura polimorfa de la construcción de tres plantas ocupa por completo la zona central y, gracias a la ordenación modular libre, está en condiciones de ofrecer diferentes tipos de viviendas, patios y calles que evocan la variedad de la ciudad medieval, aunque con todo el confort moderno. Gracias al correspondiente ajardinamiento, tanto de los patios como de las calles (peatonales y vehículos de servicio), se crea la imagen de una edificación con patios y se consigue una relación equilibrada entre densidad urbana y calor residencial individual.

Housing development in Absberggasse, Vienna

Collaborators: **Mark Gilbert and Susanne Ostertag (phase 1) Anna Wickenhauser (phase 2)**

The polymorphous structure of the three-storey construction occupies the whole of the central zone and, by means of the free modular layout, is capable of providing different types of house, courtyard and street which evoke the variety of the mediaeval town while offering all of the modern comforts. Thanks to the landscaping of both the courtyards and the streets (pedestrian and service vehicles), the scheme creates the image of a gardened development and achieves a balanced relationship between urban density and the warmth of the individual residence.

Maqueta del conjunto y plano de una zona
Model of the complex and plan of one zone

Plano de una zona

Plan of one zone

1994-1995

Pabellón de Austria en la Feria del libro de Frankfort

Colaborador: **Eric Red**

No sólo los pabellones temporales representan la belleza de lo efímero (una dimensión antropomórfica) y se estilizan en apariencia transitoria en el lugar "erróneo", pero con ello posiblemente originan una verdadera consciencia. La materialidad del edificio desaparece en beneficio del sentido. Esto es comparable con el fenómeno de la escritura. El signo escrito (mecanografiado, dibujado, cincelado) no está desprovisto de una cierta monumentalidad, que se desvanece al alinear las letras para formar palabras, frases, etc... Por lo tanto, pabellón y escritura están en relación dadora de sentido.

Austrian pavilion for the Frankfurt Book Fair

Collaborator: **Eric Red**

Temporary pavilions not only represent the beauty of the ephemeral (an anthropomorphic dimension) and are styled in their transitory appearance in the "wrong" place, they may also possibly give rise to a genuine awareness. The materiality of the building is withdrawn in favour of the meaning. This can be compared with the phenomenon of writing. The written sign (typed, drawn, chiselled) is not without a certain monumental quality, which vanishes when the letters are lined up to form words, phrases and so on... In consequence, pavilion and writing are related by their shared function as bearers of meaning.

Vistas del interior y del exterior con la cita de Musil

Views of the interior and exterior with a quote from Musil

Planta y detalle de la fachada

Plan and detail of the facade

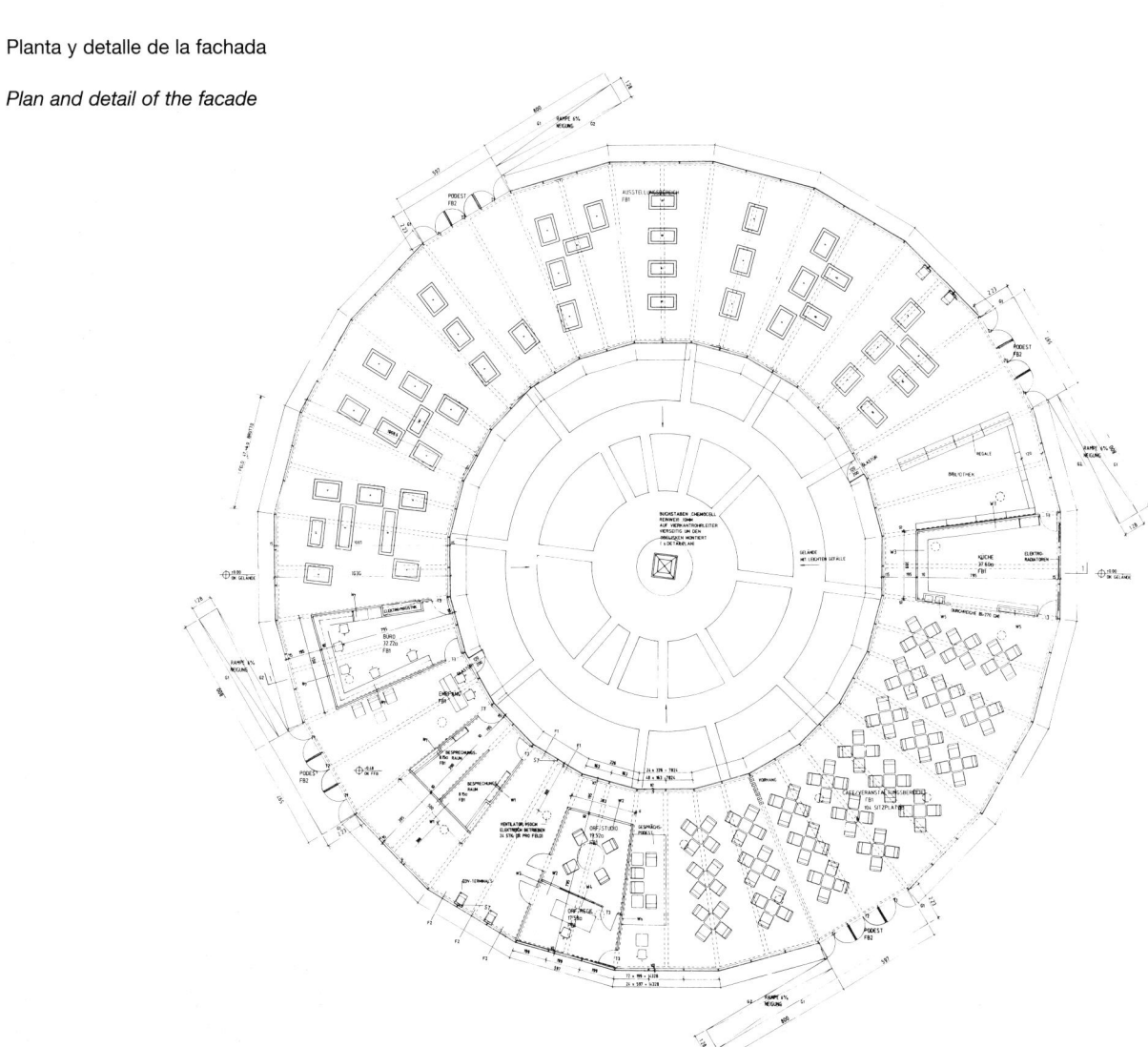

Vistas exterior e interior

Views of the exterior and interior

1994

Edificio de oficinas para la compañía EA-Generali, Viena

Colaborador: **Stefan Rudolf**

El volumen construido, además de expresar la estructura interna del edificio, es un sistema de referencia de múltiples influencias complejas del espacio urbano (parcela, orientación solar, zonificación, etc.).

Estas características se transmiten desde la relación del edificio con la ciudad global hasta el bloque y la estructura interna de la construcción. Los requisitos funcionales condicionan el ensamblaje de diferentes tipos edilicios en una obra: el rascacielos, la edificación perimetral y la edificación en el interior de la manzana.

El edificio purifica su forma en planta con la altura y desarrolla su estructura polimorfa en el basamento hasta convertirse en un rectángulo puro.

La fachada es un sistema de paneles de vidrio de varias capas que, según la posición del sol, genera el león de San Marcos completo o quebrado.

Office building for the EA-Generali company, Vienna

Collaborator: **Stefan Rudolf**

The built volume, as well as expressing the internal structure of the building, is a system of reference to the multiple and complex influences of the urban space (plot, solar orientation, zoning, etc.).

These characteristics are transmitted from the relationship of the building to the city as a whole to the block and the internal structure of the construction. The functional requirements condition the bringing together of different building types in a single scheme: skyscraper, perimeter building and building in the interior of the block.

The form of the building in plan is purified as it gains in height and develops from the polymorphous structure of the base to become a pure rectangle.

The facade is a system of multi-layered glass panels which, according to the position of the sun, generate a complete or fractal image of the lion of St Mark.

Alzado y desarrollo de la planta
Páginas siguientes: animación de los "estados de la fachada" en la imagen urbana

*Elevation and development of the plan
Following pages: animation of the "stages of the facade" in the cityscape*

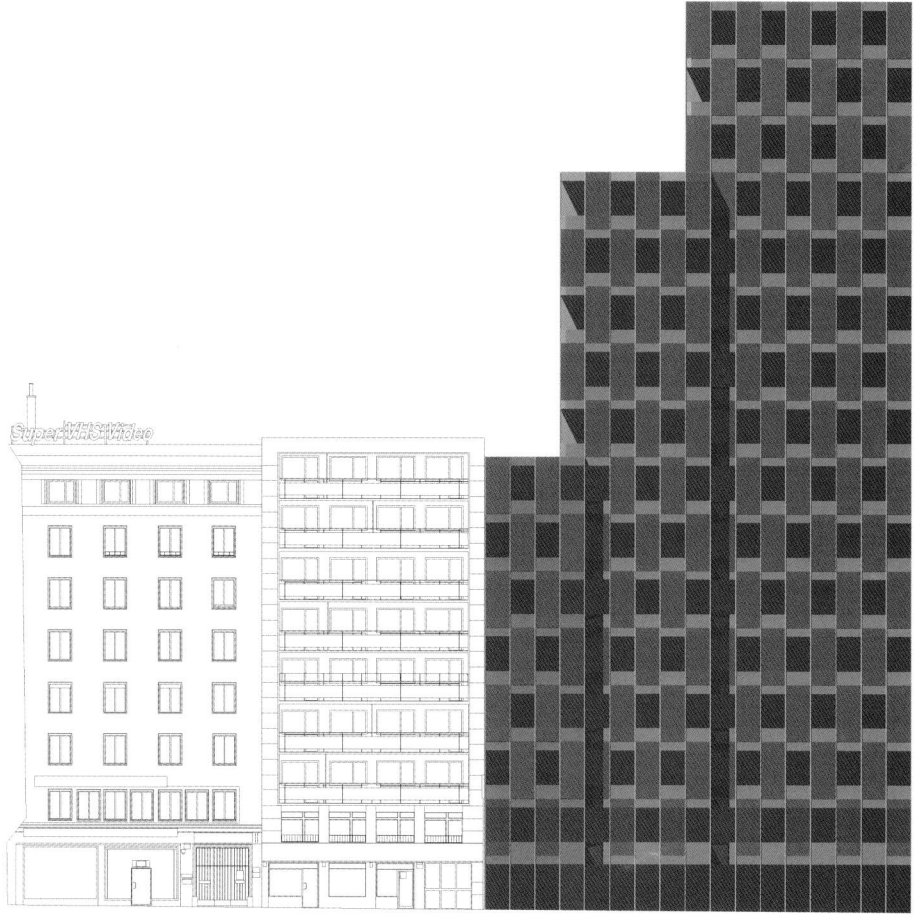

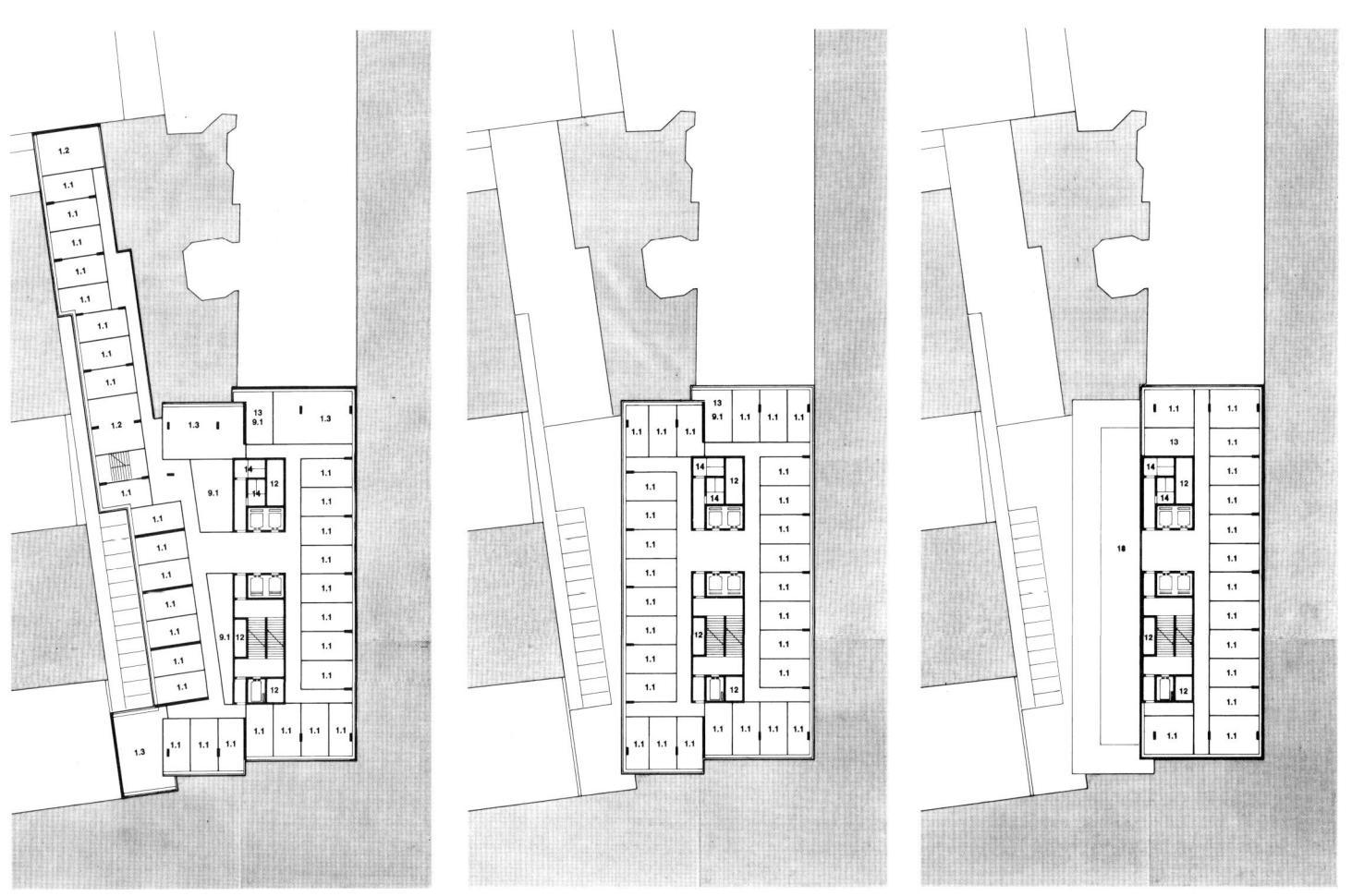

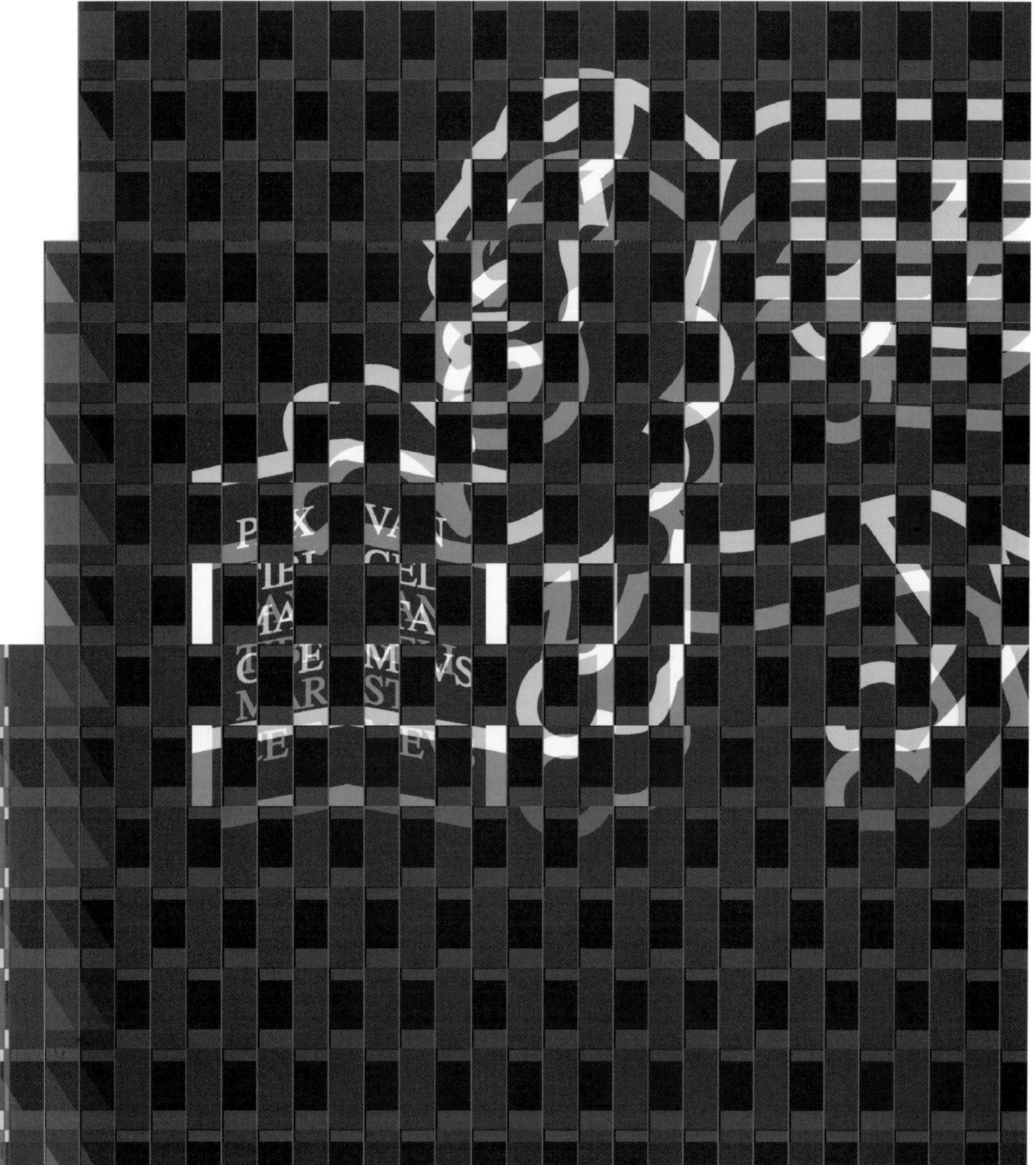

1994

Pabellón de información, Leipziger Platz, Berlín

Colaborador: **Stefan Rudolf**

La vista panorámica:
El principio del pabellón "volante" unifica de manera ideal el programa deseado de ver y ser visto.

En el pabellón se pueden ofrecer superficies de exposición óptimas, así como una cafetería y una sala de actos.

Desde el pabellón hay una visión panorámica completa de toda la plaza así como el acceso a un funicular para continuar el recorrido de experiencias.

El pabellón es un signo en la ciudad en construcción con resonancias metafóricas de la planta de la ciudad, fachada perforada y puente; evoca además los gestos de surgimiento, ocupación y desaparición.

Information pavilion, Leipziger Platz, Berlin

Collaborator: **Stefan Rudolf**

The panoramic view:
The principle of the "flying" pavilion unifies in ideal fashion the desired programme of seeing and being seen.

The pavilion is equipped with optimum display areas as well as a cafeteria and a functions room.

From the pavilion there is a complete panoramic view of the whole square, and access to a cable-car in which to continue the itinerary of experiences.

The pavilion is a sign in the city now under construction, with metaphorical resonances of the plan of Berlin, perforated facade and bridge; it also evokes the gestures of emergence, occupation and disappearance.

Maqueta y plano de situación

Model and site plan

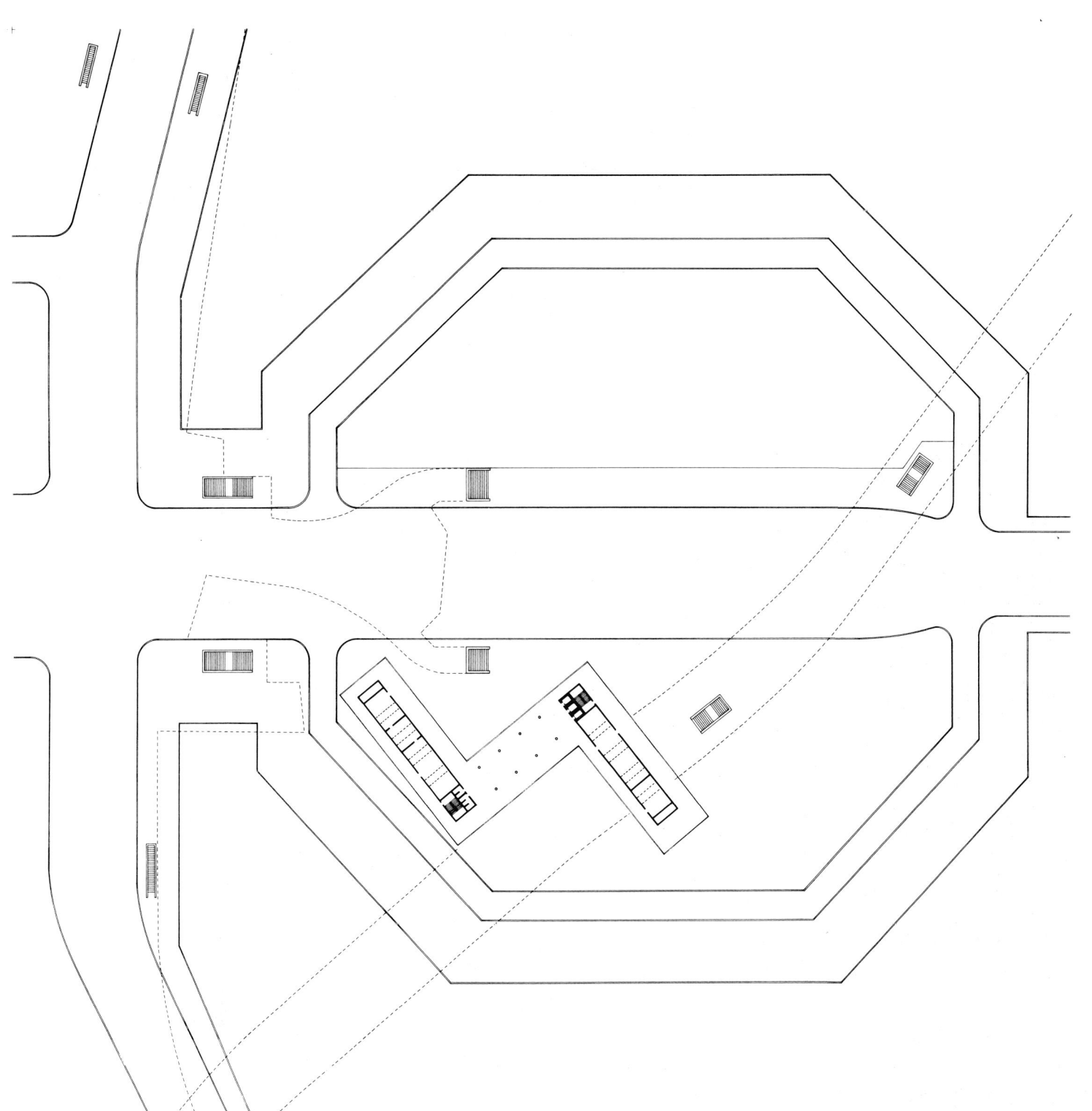

1995

Centro de prácticas para artistas, Berlín

Colaboradores: **Ulrich Huhs, Stefan Rudolf**

La remodelación del centro para artistas abarca desde la extrema sencillez y funcionalidad espartana hasta la configuración poética.

El lado inclinado de la nave le confiere en parte el carácter de carpa, permite la entrada de luz al interior desde las espaldas del público y es también expresión, representatividad hacia el exterior. La cubierta de la nave se extiende desde la membrana exterior –tipo carpa– del lado inclinado hasta el pasillo de servicio de guardarropías y salas de aparatos. Las guardarropías en la planta piso se abren hacia la superficie libre a través de una banda acristalada continua.

Training centre for artistes, Berlin

*Collaborators: **Ulrich Huhs, Stefan Rudolf***

The shape of the training centre connects extreme simplicity and Spartan functionality with poetic configuration.

The sloping side informs the volume with the character of a marquee, allows daylight in to the interior from behind the audience and is also expression and representation towards the exterior. The training hall extends from the outer membrane –marquee type– of the display side to the service corridor of dressing rooms and machine rooms. The dressing rooms on the first floor open onto the free surface by way of a continuous strip of glazing.

Planta y maqueta

Plan and model

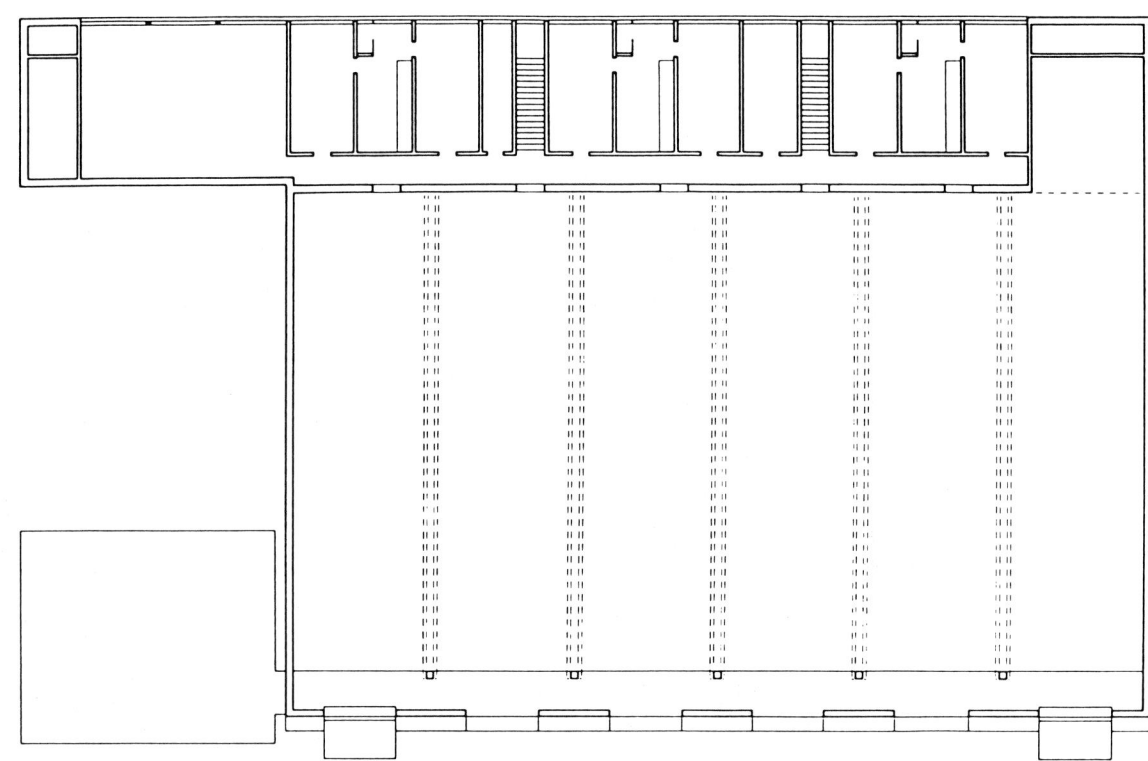

1995

Centro juvenil Wolkenspange, Viena

Colaboradores: **Ulrich Huhs, Eric Red**

El centro Wolkenspange es una figura espacial "volante", levantada del suelo, que flota entre 5 y 9 metros por encima del nivel de la calle y la trinchera del metro, aunque en la zona de la plaza Urban-Loritz está en comunicación directa con la estación del metro, que en un futuro se ha de remodelar. El edificio de 200 m de longitud esta concebido como un puente y se apoya mediante cuatro pares de láminas en la construcción del metro. La propia estructura portante actual tiene forma de celosía –cordón superior, cordón inferior y montantes– y ocupa toda la altura de la planta principal.

Wolkenspange youth centre, Vienna

Collaborators: **Ulrich Huhs, Eric Red**

The Wolkenspange youth centre is a "flying" spatial figure, raised up off the ground, which floats between 5 and 9 metres above street level and the trench of the metro, although in the area of the Urban-Loritz square it communicates directly with the metro station, which is due for remodelling in the future. The building, 200 m long, is conceived as a bridge, and rests on four pairs of laminar supports on the construction of the metro. The actual load-bearing structure is in the form of a shutter –upper cordon, lower cordon and uprights– and occupies the full height of the main floor.

Planta, sección y animación

Plan, section and animation

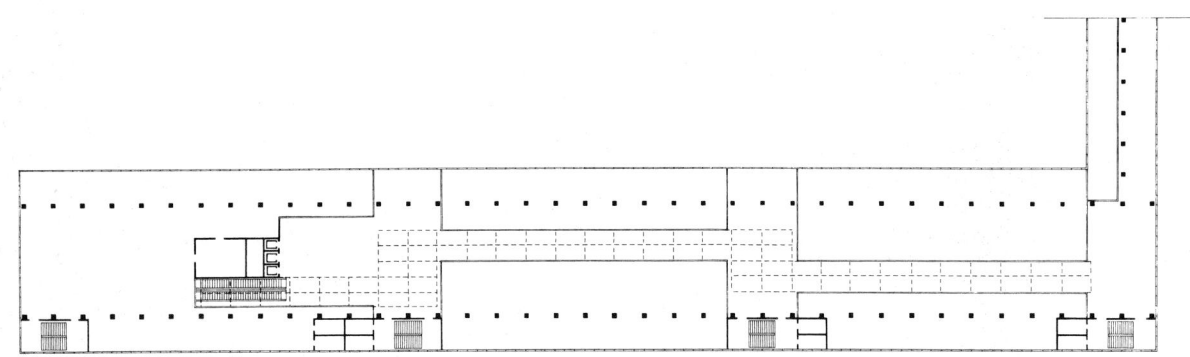

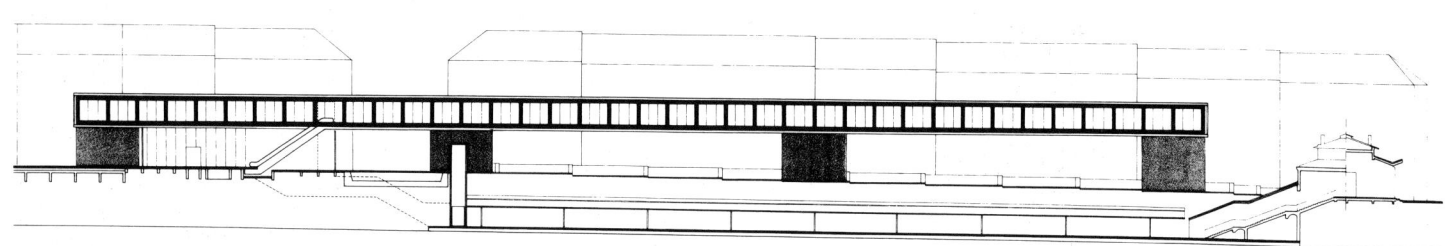

1995

Grupo de viviendas Fondachhof, Salzburgo

Colaboradores: **Frank Boehm, Anna Wickenhauser (1ª fase) Ingrid Dreer (2ª fase)**

De la colocación de diferentes edificios (torre, patio, hilera) sobre un solar tipo aparcamiento surgieron diferentes posibilidades de empaquetamiento y organización de las unidades de vivienda. El bloque-torre, que finalmente se ha llegado a construir, es un cubo negro que libera aberturas distendidas que muestran una estructura blanca conductora de luz a modo de logias integradas y franjas de ventanas. Por lo tanto, a las partes oscuras y cerradas se le enfrentan partes blancas abiertas que al ensamblarlas conforman el volumen global.

Fondachhof apartment houses, Salzburg

Collaborators: ***Frank Boehm, Anna Wickenhauser (phase 1) Ingrid Dreer (phase 2)***

The placing of a series of different buildings (tower-block, courtyard, terraced row) on a site like a parking lot generated a variety of possibilities for the packaging and organization of the housing units. The tower-block, which will finally be constructed, is a black cube with ample openings which expose a white structure that lets in daylight by way of integrated galleries and strips of windows. The dark, closed parts of the building are thus contrasted with white, open parts, the volume as a whole resulting from the combination of these.

Estudio de edificación y tipológico
Torre: plantas, secciones, alzados, animación

Building density and typology study
Tower-block: plans, sections, elevations, animation

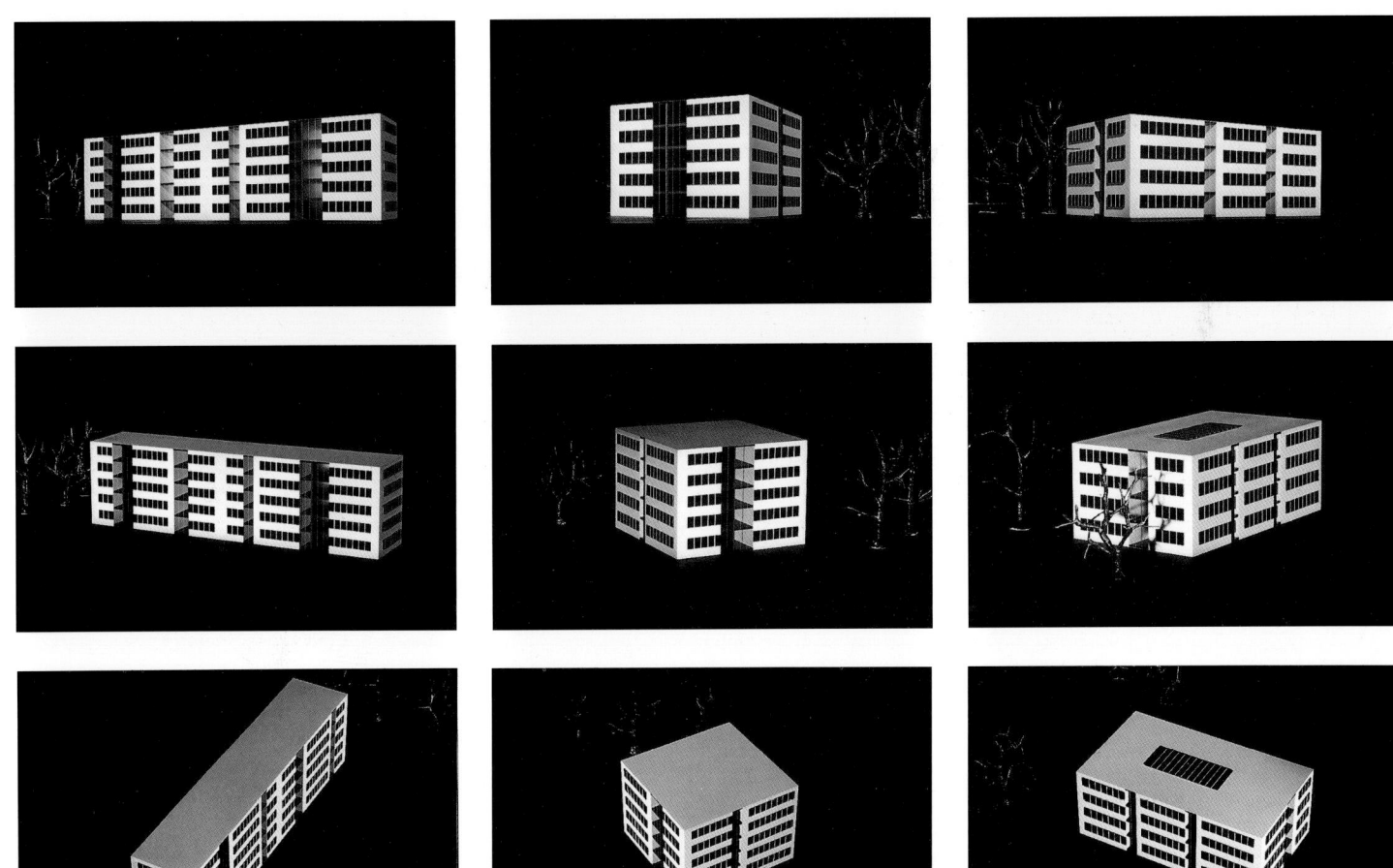

1996

Escuela, Viena

Colaborador: **Frank Boehm**

El edificio está construido de manera que los volúmenes reflejan exactamente el programa solicitado. Los módulos de clases se conectan del mismo modo y quedan atravesados por los elementos de las salas (horizontales) y de los pasillos (verticales). Con ello se produce un engarce entre los módulos introvertidos de las aulas y los espacios extrovertidos de los pasillos y salas para formar un volumen ensamblado. Mediante un contraste de colores (claro-oscuro) los módulos blancos paritarios quedan aislados e independizados de la forma negra intermedia.

School, Vienna

Collaborator: ***Frank Boehm***

The building is constructed in such a way that its volume clearly and precisely reflects the requirements of the programme. The classroom wings are both connected and traversed by the halls (horizontal) and the corridors (vertical). This effectively links the introverted modules of the classrooms and the extroverted spaces of the corridors and halls to form an articulated volume. Thanks to the use of contrasting colours (light-dark), the identical white wings are isolated and granted autonomy by the intermediate black form.

Plantas y maqueta

Plans and model

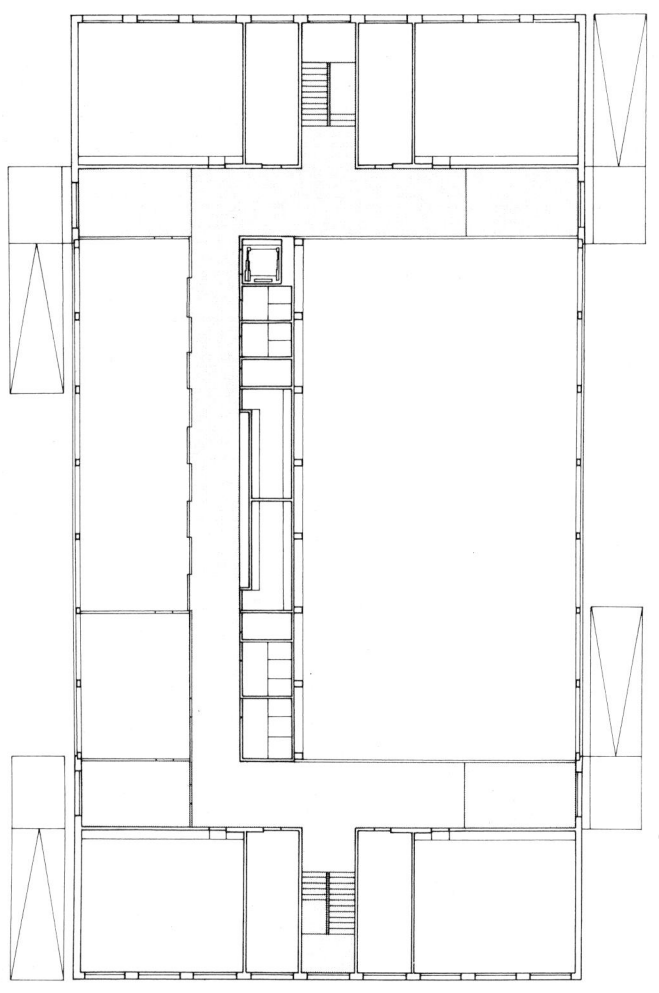
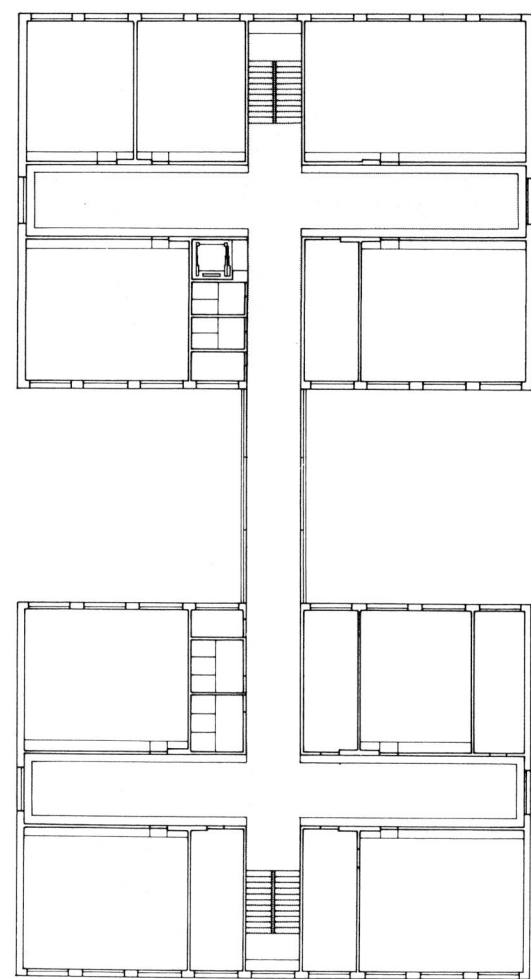

1996

Parque central de la Expo 2000, Hannover

Colaboradores: **Frank Boehm, Wilfried Kühn**

H de Hannover: la H del sistema principal de recorridos peatonales constituye la zona central de toda el área de la exposición. El trazado preciso del sistema de accesos conecta lugares alejados del acontecimiento con un nuevo lugar central de proximidad inmediata. El pabellón alemán se ha de pensar sin centro geográfico; entrada, paso y salida es la traducción más consecuente de exposición.

A la precisa ordenación de los terrenos edificables y de los niveles de acceso se le enfrenta una configuración abierta articuladora de cada uno de los volúmenes construidos. La "arena" se encuentra como forma artística aislada en el paisaje de la naturaleza. Mediante un ajardinamiento en espaldares los volúmenes construidos se pueden convertir en "sucedáneo de la naturaleza" y contribuir al significado y la singularidad de la Expo 2000.

Central area for Expo 2000, Hannover

*Collaborators: **Frank Boehm, Wilfried Kühn***

H for Hannover: the H of the main system of pedestrian routes constitutes the central interchange of the entire expo area. The precise layout of the system of accesses connects places remote from the event with a new central space of immediate proximity. The German pavilion has to be thought of as without a geographical centre; entry, passage through and exit being the most effective translations of exhibition.

The precise ordering of the plots for construction and the levels of access is offset by the open, flexible configuration of each of the built volumes. The "arena" presents itself as a free-standing artistic form in the natural landscape. Thanks to the backdrop of landscaping, the built volume can become a "Landschaftsersatzteil" and contribute to the meaning and particularity of Expo 2000.

Maqueta y plano de situación

Model and site plan

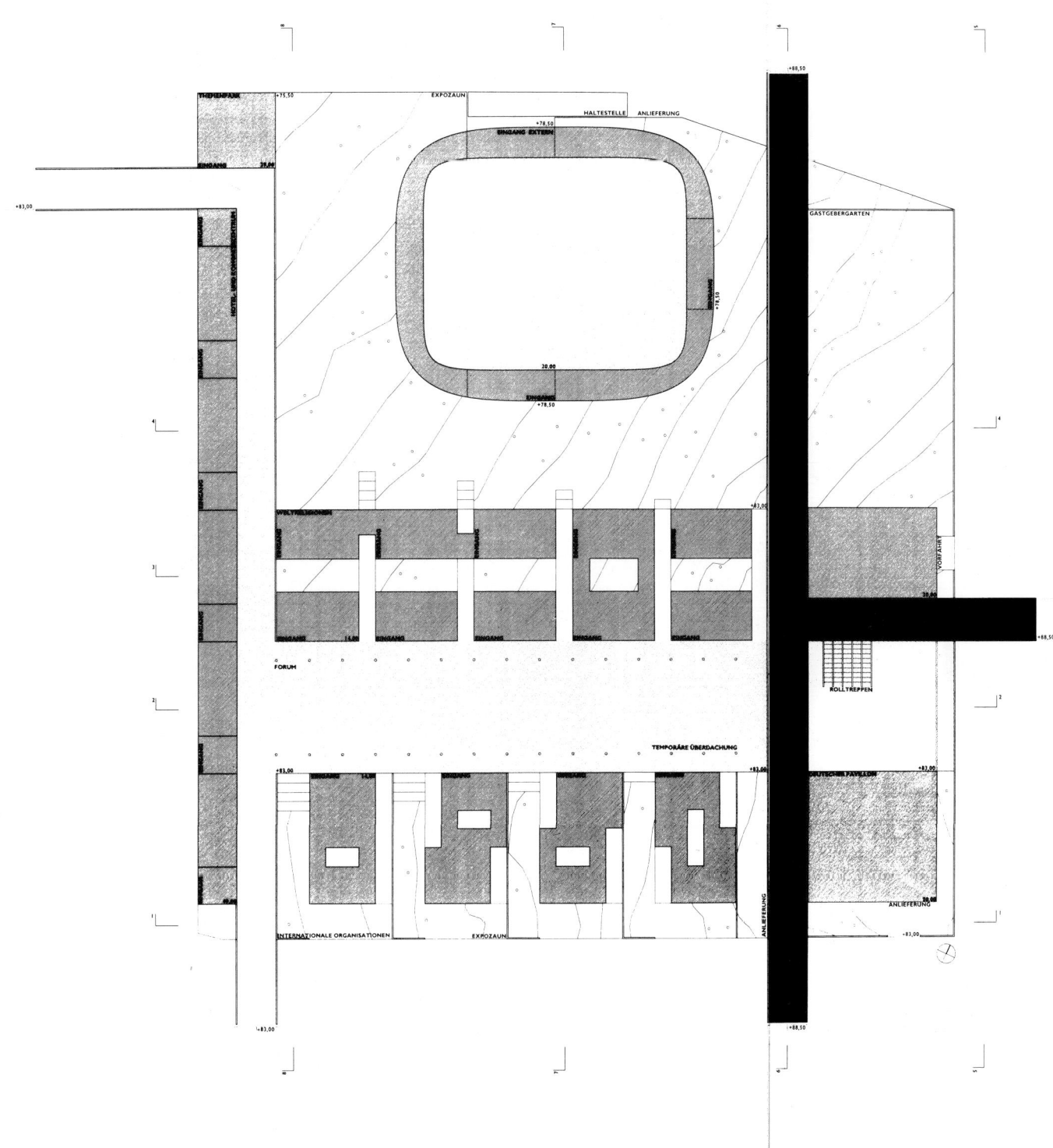

1996

**Grupo de viviendas
Perfektastrasse, Viena**

Colaboradores: **Anna Wickenhauser,
Wilfried Kühn**

La ordenación serial de las viviendas y su ejecución a través de toda la profundidad del volumen construido determina la ordenación de dos núcleos. Uno es la caja de escalera como elemento de acceso y el otro es la agrupación de cocinas y baños a lo largo de la lámina separadora entre viviendas. La sala de estar se extiende a lo largo de toda la profundidad edificada y queda definida por los espacios conectables. Esta forma de organización permite una gran flexibilidad sin comportar formas complejas en planta. La estructura de la fachada responde a esta sencilla idea y sólo debido al retranqueo de las plantas superiores se originan formas especiales que aportan tensión.

***Housing development
in Perfektastrasse, Vienna***

*Collaborators: **Anna Wickenhauser,
Wilfried Kühn***

The serial arrangement of the apartments and their occupation of the entire depth of the built volume determines the creation of two nuclei. One of these is the stair well as access element; the other is the grouping of kitchens and bathrooms along the wall separating one apartment from the next. The living room extends into the full depth of the built volume and is defined by the series of connectable spaces. This organizational principle gives great flexibility without resorting to complicated forms in the plan. The structure of the facade reflects this simple idea, and it is only the stepping back of the upper floors which gives rise to special forms which generate tension.

Maqueta

Model

Plantas

Plans

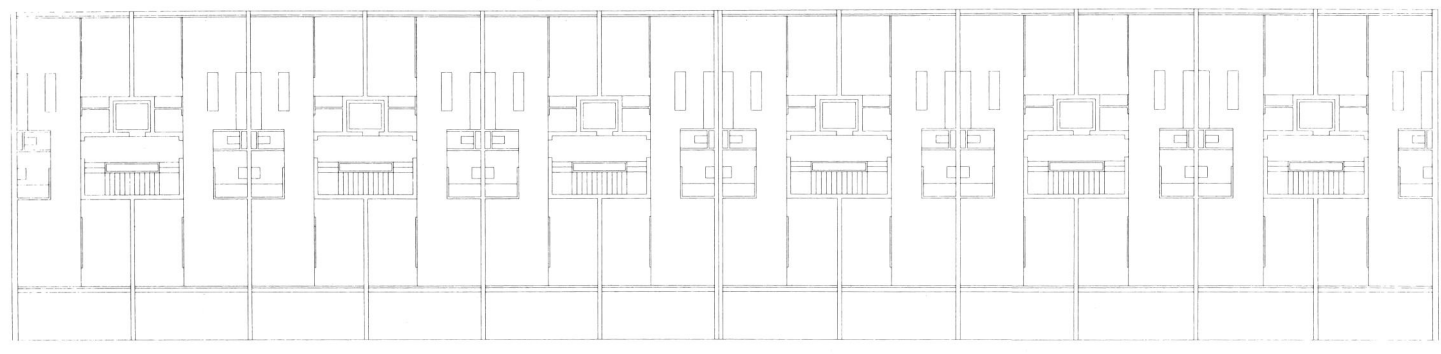

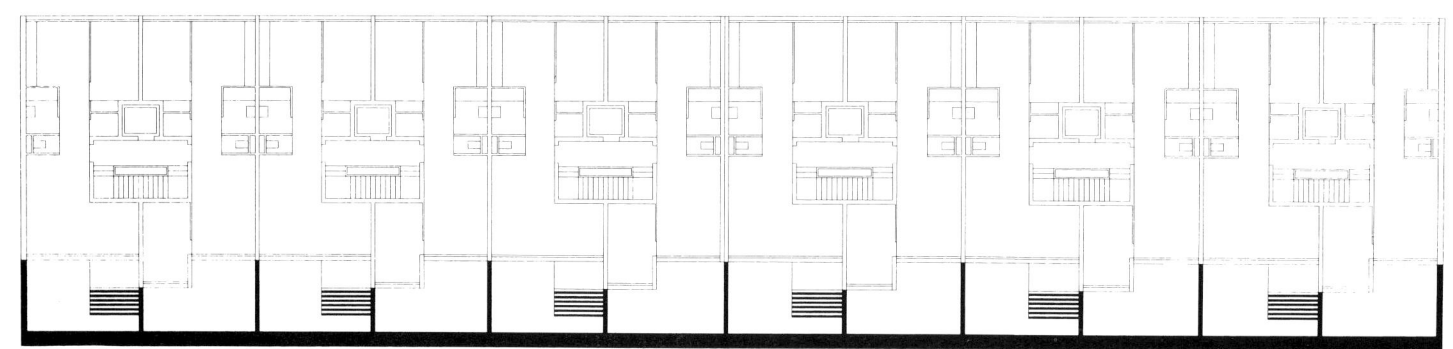

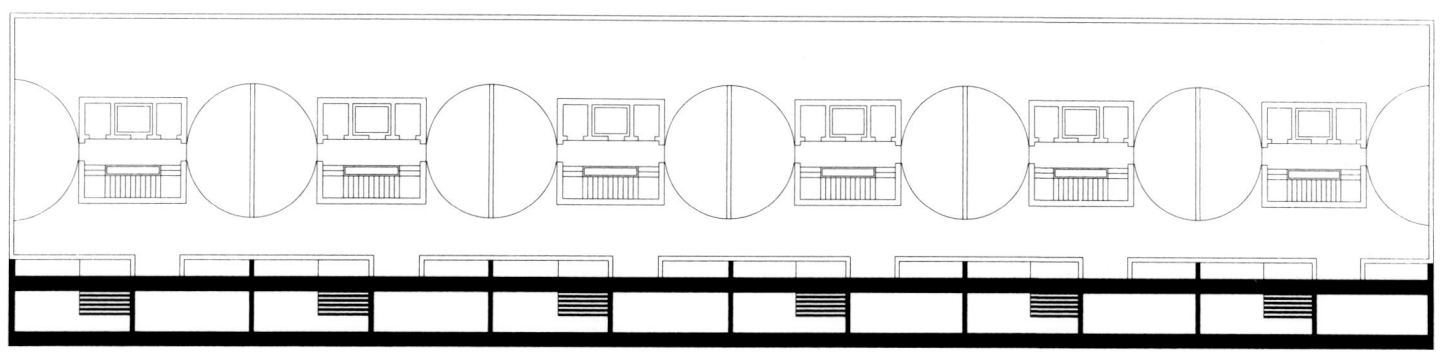
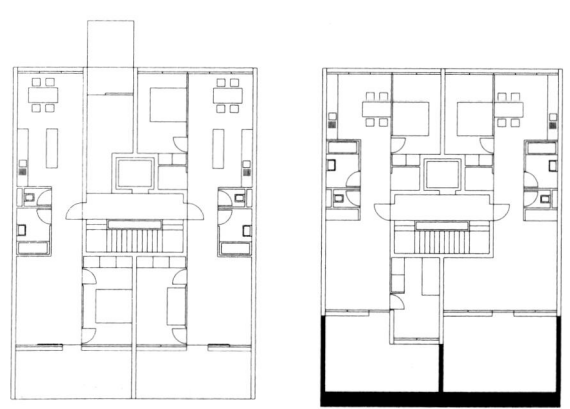

83

1996

Hotel Adlershof, Berlín

Colaboradores: **Frank Boehm, Gundula Proksch**

El volumen en forma de U está situado –igual que una cómoda– sobre la planta baja de mayor altura. Las plantas de habitaciones se han apilado como cajones apoyados en pies (columnas de hormigón) pintados de color antracita. La U de cuatro plantas queda cerrada hacia el sur mediante un módulo en ángulo de una planta (sala de conferencias y restaurante). El patio así definido amplía, según las necesidades, los ámbitos públicos más importantes como la recepción, el restaurante y la sala de conferencias hacia el centro abierto. A través de la planta baja se conectan el espacio exterior y el espacio interior a través de los estratos espaciales de comercios, bar, restaurante-bistro, sala de conferencias, salas de seminarios y recepción para alcanzar una bipolaridad entre espacios públicos abiertos y delimitados.

Hotel Adlershof, Berlin

Collaborators: ***Frank Boehm, Gundula Proksch***

The U-shaped volume is situated –like a chest of drawers– on top of the higher ground-floor volume. The floors containing the bedrooms are stacked up like drawers resting on legs (concrete pillars) painted coal-black. The four-storey U is closed off to the south by a single-storey corner module (conference suite and restaurant). The courtyard thus created offers an extension, when required, of the most important public zones such as the reception, conference suite and restaurant towards the open centre. The ground floor provides connection between exterior and interior space by way of the special strata of shops, bar, bistro restaurant, conference suite, meeting rooms and reception to establish a bipolarity between open and enclosed public spaces.

Alzados y animación

Elevations and animation

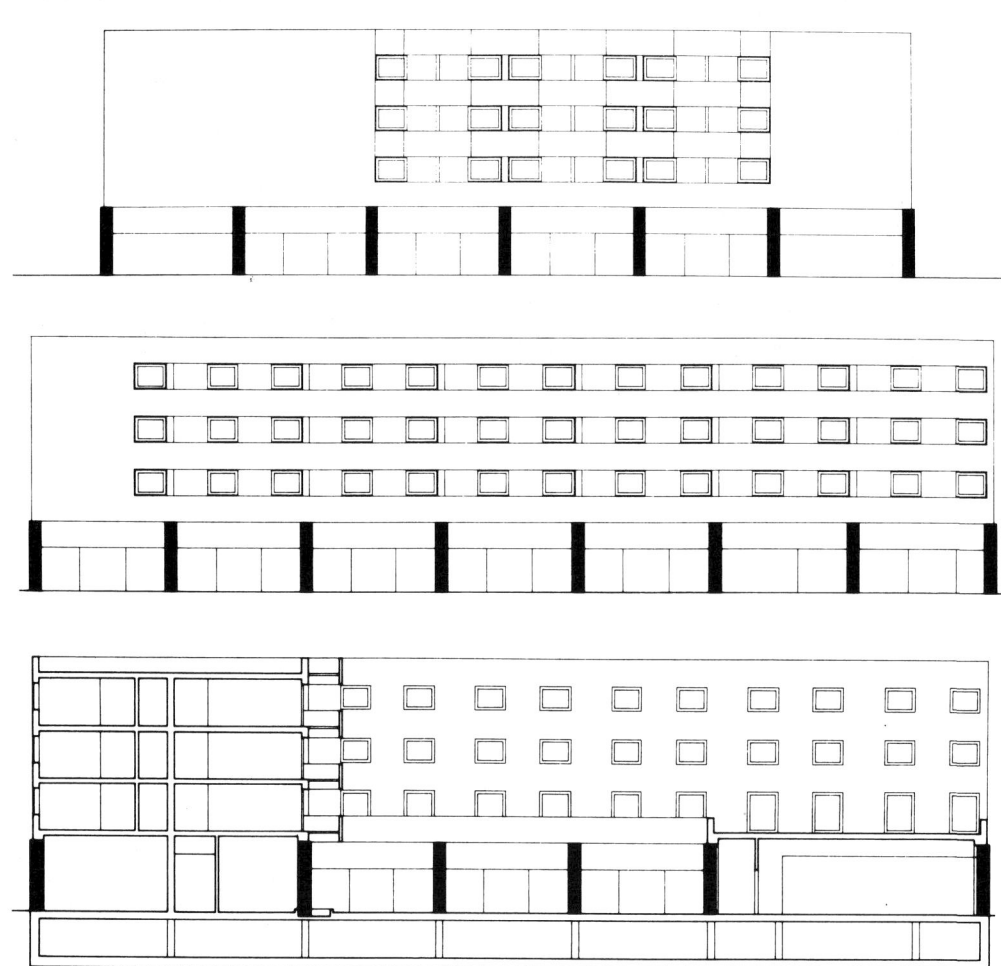

1996

Casa Sperl, Friedrichshof

Colaboradores: **Markus Grob (1ª fase)**
Mark Gilbert (2ª fase)

El plan general preveía –para crear un gran espacio natural en medio de la zona planificada– organizar parcelas que ya por su tamaño (7,5 m x 60/150 m) permitiesen una elevada densidad sin necesitar demasiada superficie. Esto se conseguía recurriendo al modelo de casa rural con patio alargado de la región del Burgenland, que como tipo permite una sencilla estructuración lineal a lo largo de la profundidad de la parcela y que define la fachada a la calle con un estrecho testero.

Mediante la aplicación radical de un tipo existente con las posibilidades de nuestro tiempo se origina una secuencia de largos y estrechos edificios, construidos uno al lado de otro que, mediante una secuencia sistemática de viviendas y patios, producen unidades funcionales ampliables según las necesidades.

Sperl house, Friedrichshof

Collaborators: ***Markus Grob (phase 1)***
Mark Gilbert (phase 2)

The master plan envisaged –with the aim of creating a large natural space in the middle of the planning zone– the laying out of plots whose dimensions (7.5 m x 60/150 m) would give a high density without requiring an excessive surface area. This was achieved by adopting the model of rural dwelling typical of the Burgenland region, which provided a simple linear layout running the entire depth of the plot and established the street facade as a narrow end wall.

The radical application of the possibilities of contemporary building techniques to an existing type gives rise to a series of narrow, elongated volumes, constructed side by side, which produce –by means of a systematic sequence of houses and courtyards– functional units with the potential for future extension as required.

Estudio de edificación: plano de situación y maquetas

Building study: site plan and models

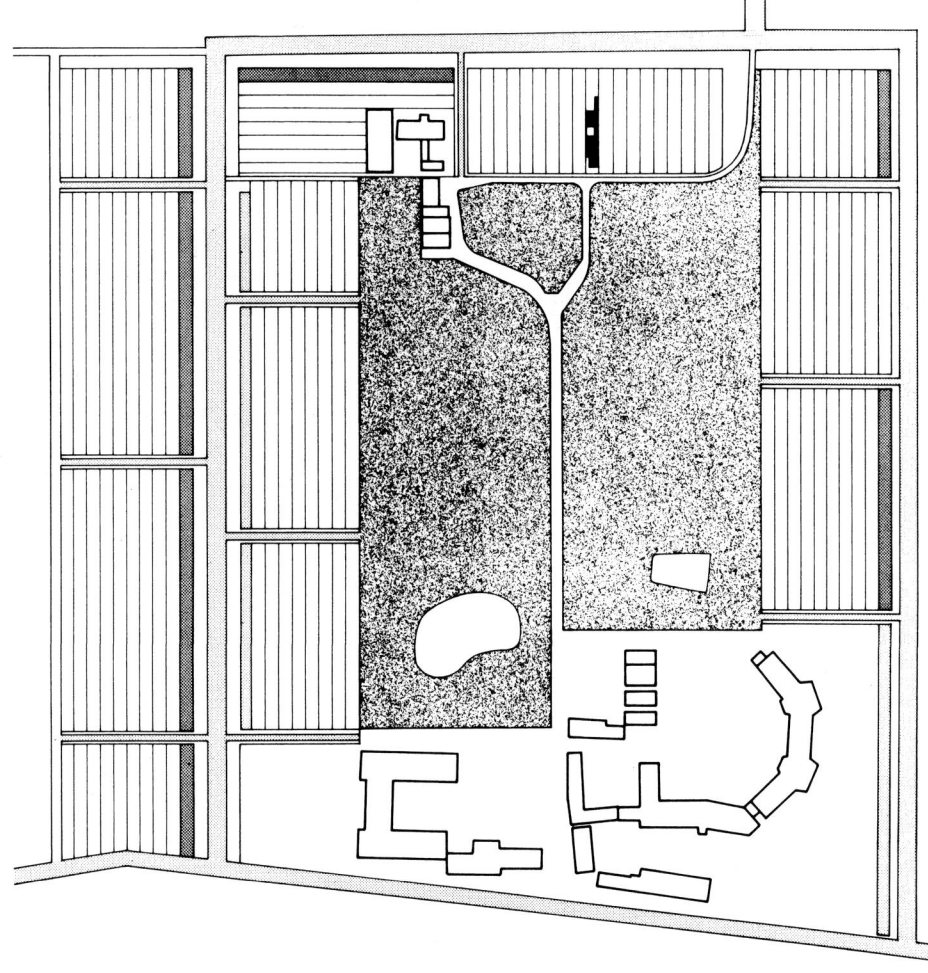

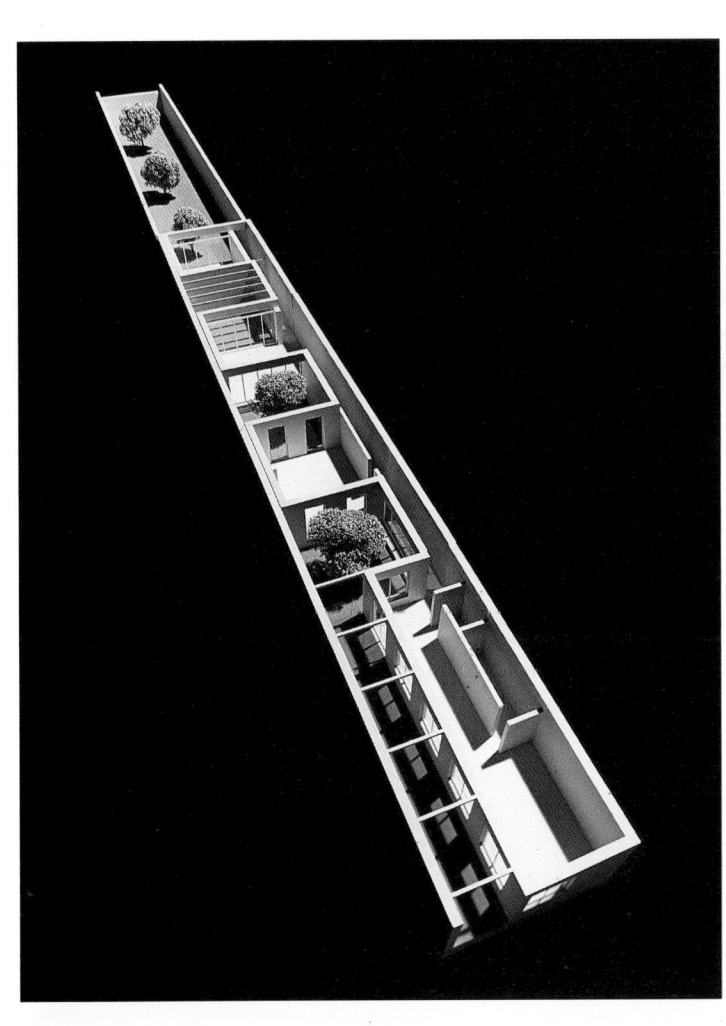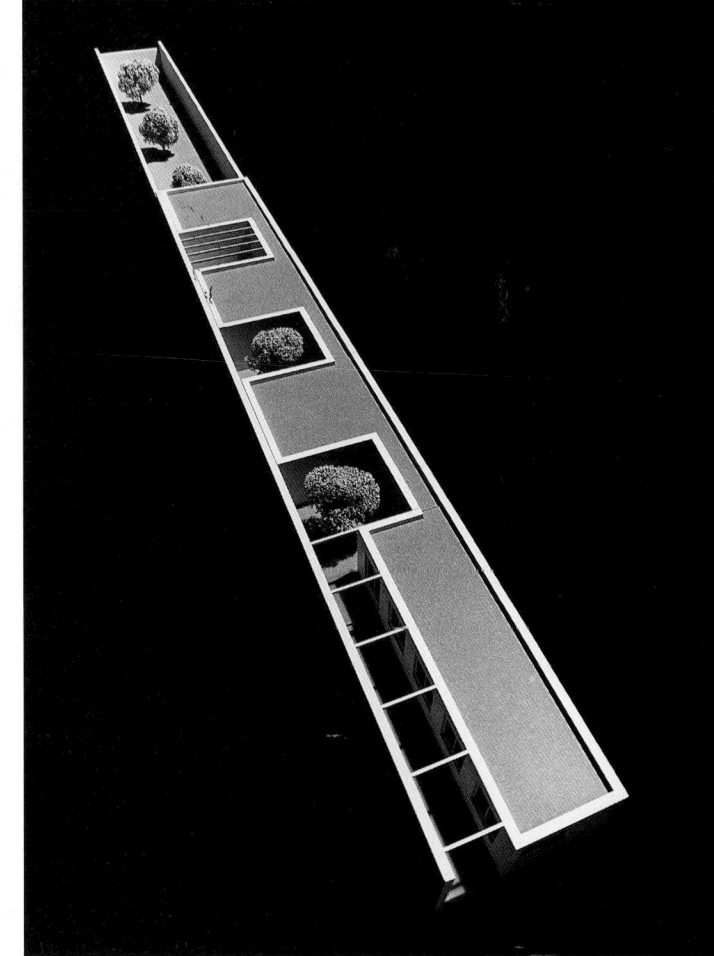

Casa Sperl: plantas, secciones y alzados

The Sperl house: plans, sections and elevations

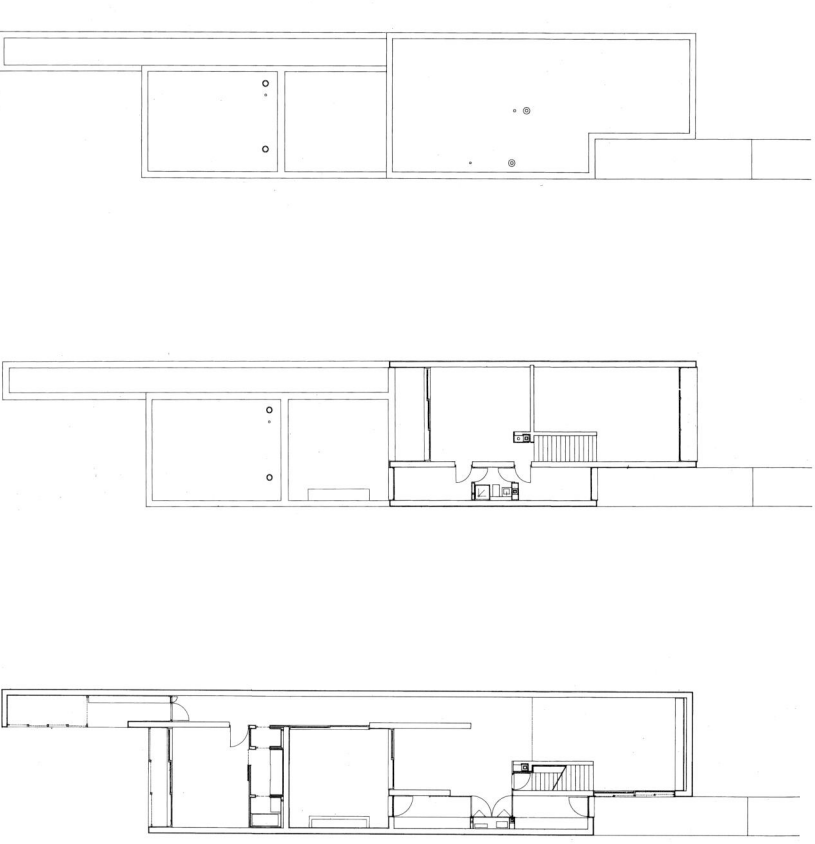

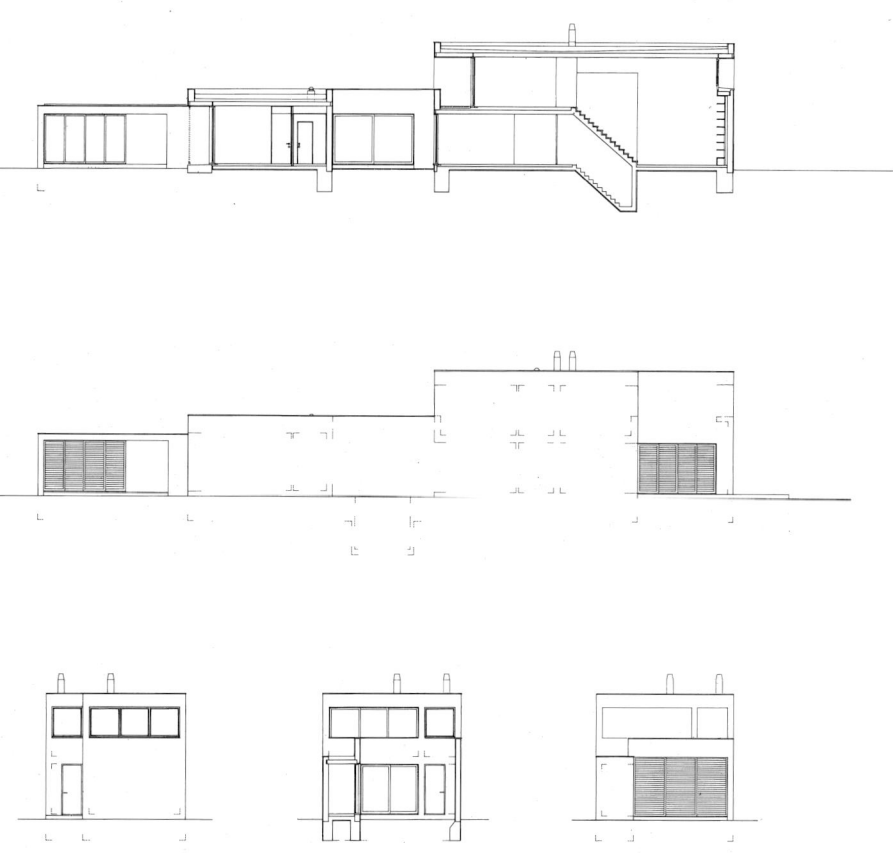

Vistas del exterior

Exterior views

Biografía / Biography

1946 Nacido en Schwarzach, Pongau, Austria
Estudios de arquitectura en Viena.
Desde 1979 Es arquitecto liberal en Viena
1988-1989 Profesor invitado en la Universidad Técnica de Múnich
1991 Premio de arquitectura de la ciudad de Viena
1991-1995 Participación en la 5ª Bienal de arquitectura de Venecia.
Desde 1992 Es profesor de proyectos y renovación urbana en la Escuela de Bellas Artes de Berlín
1995 Premio de urbanismo Otto Wagner y medalla Klimt de la Secession de Viena
1996 Director del seminario de arquitectura en Viena
1996 Participación en la 6ª Bienal de arquitectura de Venecia

1946 Born in Schwarzach, Pongau, Austria
Studied architecture in Vienna.
Since 1979, Professional architect in Vienna
1988-1989 Visiting professor at the Technical University in Munich
1991 City of Vienna award for architecture
1991-1995 Participation in the V Biennale di Architettura in Venice.
Since 1992, Professor of projects and urban renewal at the Berlin School of Art
1995 Otto Wagner award for urbanism and Klimt medal of the Vienna Secession
1996 Director of the Vienna architecture workshop
1996 Participation in the VI Biennale di Architettura in Venice

Cronología de obras y proyectos		**Chronology of works and projects**	
1983	Rehabilitación de la colonia del Werkbund en Viena (junto con Otto Kapfinger)	*1983*	*Rehabilitation of the Werkbundsiedlung in Vienna (with Otto Kapfinger)*
1985	Rehabilitación y reforma del edificio de la Secession vienesa (junto con Otto Kapfinger)	*1985*	*Rehabilitation and reform of the Vienna Secession building (with Otto Kapfinger)*
1986-1990	Grupo de viviendas Forellenweg, Salzburgo (junto con Otto Kapfinger). Proyecto de ejecución: Wolfgang Soyka. Colores: Oskar Putz	*1986-1990*	*Group of houses in Forellenweg, Salzburg (with Otto Kapfinger). Construction project: Wolfgang Soyka. Colours: Oskar Putz*
1986-1992	Instalación de ascensores en Winarsky-Hof, Viena (edificio proyectado por Josef Frank y Oskar Wlach en 1924)	*1986-1992*	*Installation of lifts in the Winarsky-Hof, Vienna (building designed by Josef Frank and Oskar Wlach in 1924)*
1987-1989	Casa en Salmannsdorf, Viena. Colores: Oskar Putz	*1987-1989*	*House in Salmannsdorf, Vienna. Colours: Oskar Putz*
1987-1992	Grupo de viviendas Pilotengasse, Viena-Aspern (junto con Herzog & de Meuron, Basilea y Otto Steidle, Múnich). Colores: Oskar Putz	*1987-1992*	*Housing development in Pilotengasse, Vienna-Aspern (with Herzog & de Meuron, Basle, and Otto Steidle, Munich). Colours: Oskar Putz*
1988	Pabellón de exposiciones, St. Pölten (junto con Wolfdietrich Ziesel)	*1988-1989*	*Exhibition pavilion, St. Pölten (with Wolfdietrich Ziesel)*
1988-1990	Agencia de viajes El Cabrito, la Gomera, Islas Canarias	*1988-1990*	*El Cabrito travel agency, Gomera, Canary Islands*
1988-1990	Vivienda en Viena-Plötzleinsdorf. Colores: Oskar Putz	*1988-1990*	*House in Vienna-Plötzleinsdorf. Colours: Oskar Putz*
1989	Concurso urbanístico del barrio gubernamental de St. Pölten. Colores: Oskar Putz	*1989*	*Urban design competition for the administrative district of St. Pölten Colours: Oskar Putz*
1989-1994	Edificio de oficinas y comercios Schillerpark, Linz (1er premio del concurso). Proyecto de ejecución: Gerhart Hinterwirth, Manfred Diessl. Colores: Oskar Putz	*1989-1994*	*Schillerpark office and commercial building, Linz (1st prize in the competition). Construction project: Gerhart Hinterwirth, Manfred Diessl. Colours: Oskar Putz*
1989-1994	Edificio de oficinas y comercios Steierhof, Graz (1er premio del concurso) junto con Achammer, Tritthart partner. Colores: Oskar Putz	*1989-1994*	*Steierhof office and commercial building, Graz (1st prize in the competition) (with Achammer, Tritthart partners). Colours: Oskar Putz*
1990	Estudio de edificación Friedrichshof, Burgenland	*1990*	*Building study for Friedrichshof, Burgenland*
1990	Concurso Expo'95, Viena	*1990*	*Expo'95 competition, Vienna*
1990	Concurso para un puente en el valle de Viena (junto con Wolfdietrich Ziesel). Colores: Oskar Putz	*1990*	*Competition for a bridge in the Vienna valley (with Wolfdietrich Ziesel). Colours: Oskar Putz*

1990	Concurso urbanístico Prosper III, Bottrop (Alemania). Colores: Oskar Putz	*1990*	*Prosper III urban design competition, Bottrop (Germany). Colours: Oskar Putz*
1990-1991	Edificio de viviendas en la plaza Steinmetz, Linz-Urfahr Proyectos 1, 2, 3	*1990-1991*	*Apartment building on Steinmetz Platz, Linz-Urfahr. Projects 1, 2, 3*
1990-1992	Kunsthalle Wien, sala de exposiciones temporales, Viena. Colores: Oskar Putz	*1990-1992*	*Kunsthalle Wien temporary exhibition gallery, Vienna. Colours: Oskar Putz*
1991-1994	Interiores de la sede central de Correos, am Fleischmarkt, Viena. Colores: Oskar Putz	*1991-1994*	*Interiors for the post office in Fleischmarkt, Vienna. Colours: Oskar Putz*
1992	Concurso para el Instituto Austriaco de Cultura, Nueva York. Colores: Oskar Putz	*1992*	*Competition for the Austrian Cultural Institute, New York. Colours: Oskar Putz*
1992	Estudio de crecimiento de Donau City (junto con Heinz Neumann y Axis Ingenieurleistungen)	*1992*	*Development study for Donau-City (with Heinz Neumann and Axis Ingenieurleistungen)*
1992-1994	Parvulario Neue Welt, Viena. Colores: Helmut Federle	*1992-1994*	*Neue Welt nursery school, Vienna. Colours: Helmut Federle*
1992-1995	Remodelación del Palacio Fanto, Viena	*1992-1995*	*Remodelling of the Fanto Palast, Vienna*
1992-1995	Kunsthalle Krems, sala de exposiciones, Krems.	*1992-1995*	*Kunsthalle Krems exhibition gallery, Krems.*
1992-1995	Grupo de viviendas Engilgasse, Viena. Colores: Oskar Putz	*1992-1995*	*Group of houses in Engilgasse, Vienna. Colours: Oskar Putz*
1993	Concurso hotel Hyatt, Zúrich. Colores: Oskar Putz	*1993*	*Hyatt hotel competition, Zurich. Colours: Oskar Putz*
1993	Recinto de la estación de Eichstätt, Alemania (junto con Thomeczek & Scherzer & Team, Nuremberg y SAL 4, Múnich) (1er premio del concurso)	*1993*	*Station precincts in Eichstätt, Germany (with Thomeczek & Scherzer & Team, Nuremberg, and SAL 4, Munich) (1st prize in the competition)*
1993	Donau City: puente del colector, diseño de las superficies, entradas del túnel	*1993*	*Donau City: collector bridge with integrated services, design of surfaces, tunnel entrances*
1994	Grupo de viviendas Absberggasse, Viena (1er premio del concurso de estudios previos)	*1994*	*Group of houses in Absberggasse, Vienna (1st prize in the feasibility study competition)*
1994-1995	Pabellón de Austria, Feria del libro de Frankfort (1er premio del concurso)	*1994-1995*	*Austrian pavilion for the Frankfurt Book Fair (1st prize in the competition)*
1994	Concurso para el edificio de oficinas para la compañía EA-Generali, Viena	*1994*	*Competition for an office building for the EA-Generali company, Vienna*

1994	Concurso para el pabellón de información, Leipziger Platz, Berlín	1994	*Competition for an information pavilion, Leipziger Platz, Berlin*
1994	Concurso para el parque industrial de Dresden	1994	*Competition for Dresden industrial estate*
1995-1996	Casa Sperl, Friedrichshof/Burgenland	1995-1996	*Sperl house, Friedrichshof, Burgenland*
1995	Concurso para un centro de prácticas para artistas, Berlín	1995	*Competition for a training centre for artistes, Berlin*
1995	Concurso para la estación Nordbanhof, Berlín	1995	*Competition for the Nordbanhof station, Berlin*
1995	Concurso Kagran West (junto con Elsa Prochazka)	1995	*Kagran West competition (with Elsa Prochazka)*
1995	Concurso para los edículos de la plaza Leipziger, Berlín	1995	*Competition for kiosks in Leipziger Platz, Berlin*
1995-1996	Escuela de enseñanza primaria en la C/Steinergasse, Viena	1995-1996	*Primary school in Steinergasse, Vienna*
1995	Edificio de Bomberos en Donau City, Viena	1995	*Fire station in Donau City, Vienna*
1995	Centro juvenil Wolkenspange en Lugner City, Viena	1995	*Wolkenspange youth centre, Lugner City, Vienna*
1995	Torre de viviendas Fondachhof, Salzburgo	1995	*Fondachhof apartment houses, Salzburg*
1996	Concurso Expo Plaza, Hannover	1996	*Expo Plaza competition, Hannover*
1996	Centro cívico en Lech, Arlberg (Accésit del concurso)	1996	*Civic centre in Lech, Arlberg (special mention in competition)*
1996	Concurso para el Hotel Adlershof, Berlín	1996	*Competition for a Hotel, Adlershof, Berlin*
1996-1997	ORF-Café	1996-1997	*ORF-Café*
1996	Concurso de ideas Lagermax	1996	*Lagermax ideas competition*
1996	Grupo de viviendas Perfektastrasse, Viena (1er premio del concurso)	1996	*Group of houses in Perfektastrasse, Vienna (1st prize in the competition)*
1996	Concurso "Puente y cabezas del puente", Kassel	1996	*Bridge and bridgeheads competition, Kassel*
1996	Grupo de viviendas Neues Bauen am Horn, Weimar (1er premio del concurso)	1996	*Neues Bauen am Horn group of houses, Weimar (1st prize in the competition)*
1996	Escuela Lauder center, Viena	1996	*Lauder center school, Vienna*

Bibliografía / *Bibliography*

Otto Kapfinger, Adolf Krischanitz
Die Wiener Werkbundsiedlung
"Documentación de una rehabilitación"
Compress Verlag, Viena, 1985

Otto Kapfinger, Adolf Krischanitz
Die Wiener Secession
La casa: nacimiento, historia, renovación
Verlag Böhlau, Viena, 1986

Bauwerke, Adolf Krischanitz
Architekturgalerie Luzern, Lucerna, 1990

13 Austrian Positions –Biennale di Venezia 1991
Ritter Verlag, Klagenfurt, 1991

Siedlung Pilotengasse Wien
Artemis Verlag, Zúrich, 1992

Adolf Krischanitz, Editorial Artemis Zúrich, 1994

Krischanitz, Federle - Neue Welt Schule
Kunsthaus Bregenz/Verlag Gerd Hatje, Stuttgart, 1994

Sensing the future, the architect as seismograph
Biennale di Venezia 1996
Electa, Milán, 1996

Agradecimientos / *Acknowledgements*

Todos los planos están reproducidos a escala 1:400
(excepto los siguientes):
All of the drawings are to a scale of 1:400
(except for):
44, 45, 55, 62, 65, 67, 70, 72, 79, 86)
Fotografías realizadas por / *photographs by*:
Margherita Spiluttini   (excepto las siguientes:)
                                 (except for the following:)
Axis Ingenieurleistungen   (pág. 47)
Luftreportagen Hausmann   (pág. 21)
Gerhard Koller   (pág. 27)
Alfred Schmid   (págs. 46, 54, 66, 69, 87)
Herbert Schwingenschlögl   (págs. 73, 77, 78, 80, 81)
Maquetas realizadas por / *Models by:*
Studio Brüll
Doris Handle
Director financiero / *Project management:*
Manfred Kebbler
Estructuras / *Structural engineers:*
Manfred Gwiner
Martin Haferl
Imágenes de ordenador realizadas por / *Computer images by:*
Walter Gorgosilitis
Museum in Progress
Este libro ha sido preparado por Frank Boehm y Wilfried Kühn
This book was prepared by Frank Boehm and Wilfried Kühn

Colaboradores desde 1987 / *Collaborators since 1987*

Ludolf von Avensleben
Hilmar Bauer
Frank Boehm
Ingrid Dreer
Hubert Feigistorfer
Robert Felber
Michael Flury
Mark Gilbert
Markus grob
Klaus W. Heinemann
Ulrich huhs
Rea keller
Lena kluska
Wilfried Kühn
Christian Lichtenwagner
Regula Lüscher
Philipp Lutz
Robert Martinelli
Jürg Meister
Franz Meisterhofer
Franz Moser
Werner Neuwirth
Susanne Ostertag
Karl Peyrer-Heimstätt
Gundula Proksch
Eric Red
Stefan Rudolf
Maike Schaper
Norbert Schingerlin
Gerhard Schlager
Adolf Stiller
Wolfgang Tröger
Anna Wickenhauser
Andreas Wirz